미리보는
성지순례

미리보는 **성지순례**

1판 1쇄 인쇄 2022년 7월 9일
1판 1쇄 발행 2022년 7월 15일

지은이 김 성 근
펴낸이 윤 용 호
펴낸곳 석학당
출판등록 2001.10.23 제10-2238호
주소 서울시 마포구 토정로 222(서울시 마포구 신수동 448-6)
전화 02) 719-6116
팩스 02) 719-6120
홈페이지 www.shdbooks.co.kr

ISBN 979-11-87621-46-1

정가 27,000원

미리보는

성지순례

김성근 지음

도서출판 석학당

프롤로그

이 책을 쓰기 전에 많은 고민을 했습니다. 내가 성지순례기를 쓰기에 합당한 사람인가? 성지를 여러 번 다녔다고 하지만, 정말 글을 쓸 만큼 충분히 알고나 있는 걸까? 더구나 하나님의 말씀을 감히 인용해도 되는 것일까? 이를 책으로 내도 되는 걸까?

여러 번 망설이고 기도했습니다. 그러던 어느날, 어쭙잖지만 내가 보고 느낀 대로 솔직하게 쓴다면, 남들도 양해하지 않을까라는 생각에 이르렀습니다. 왜냐하면, 이 글을 쓰겠다고 처음 마음먹었을 때, 나를 자랑하거나 뽐내려는 게 아니라 내가 보고 느낀 것을 남과 나누고 싶었던 것을 상기했기 때문입니다. 그래서 용기를 냈습니다.

내 주관적 생각을 쓰기보다는 가급적 객관적인 정보를 쓰자. 함부로 내 생각을 드러내 다른 분들의 생각을 흩트리지 말고, 현장을 생생하게 기술하고 구체적인 정보를 담자. 성지 순례를 준비하는 분들과 관심있는 분들께 도움이 되는 내용을 담백하게 담으면, 부족하나마 의미있는 책이 될 것이다.

이 글은 그런 마음으로 시작했습니다. 혹시 이 책을 읽으며 조금 아쉽고 미흡하다고 느끼신다면, 저의 부족함 외에 그런 저간의 사정이 있었음을 헤아려주시기 바랍니다.

저는 1984년 처음으로 성지순례를 했습니다. 1978년 이집트의 안와르 사다트 대통령과 이스라엘 메나헴 베긴 총리와 중동평화 협정을 맺으면서 양국 간에 긴장감이 많이 사라졌습니다. 평화 분위기 덕분에 이집트의 카이로에서 시나이 반도를 거쳐 시내산과 성 카타리나 수도원을 지나 이스라엘의 남쪽 국경도시인 에일라트에 들어섰습니다. 그렇게 처음 성스러운 땅을 밟으며 감격적인 순례가 시작된 것입니다.

저는 고등학교 때부터 성경공부를 했지만, 그때까지도 진정한 신앙인으로 말할 만큼은 아니었습니다. 바로 이 첫 순례길이 저를 진짜 신앙인으로 가게 된 계기가 되었으니까요. 예수님의 고난의 십자가 길을 걷고, 갈릴리 호수를 보며 예수님이 정말 제 옆에 계신 것을 조금씩 깨달아갔습니다. 이후 순례를 거듭할수록 예수님이 생생하게 다가왔습니다. 예수님이 나신 거룩한 장소에서 묵상을 하고, 말씀 속의 장소를 대할 때마다 하나님의 큰 은혜를 실감하게 되었습니다. 물론 함께 동행했던 훌륭한 신앙인들에게 보고 배운 것도 많습니다. 그렇게 저의 순례길은 무지에서 깨어나 믿음으로 가는 길이었습니다.

지금까지 저의 성지순례는 약 50여 회에 이릅니다. 그 과정에서 나뿐 아니라 많은 교역자 분들도 성지순례길에서 성경의 더 깊은 가르침을 받으시는 것을 목도했고, 상상과 다른 현장에서 느끼는 감동이 더 큰 깨달음으로 이어지는 분도 봤습니다. 자신의 믿음에 대해 의심했던 분들이 성지순례를 통해 믿음이 더욱 강건해지는 분들도 많습니다. 건강이 허락하지 않아 여행을 할 수 없었던 분이 본인의 마지막 여행지로 성지순례를 선택하신 분과도 함께 순례한 경험도 있습니다. 또 성서를 연구하시는 신학대학교 교수님들과 성경학자들과의 순례는 나에게 많은 가르침을 주었습니다.

이 책은 성서에 언급된 도시와 성읍과 섬들을 포함해 490곳 이상의 성지를 다루고 있습니다. 그 중에서 예수님이 태어나시고 복음을 전하셨던 이스라엘지역이 270곳으로 전체의 57% 정도입니다. 그리고 출애굽 여정이 있었던 이집트에 30여 곳, 사도바울이 전도여행을 떠난 터키와 그리스, 지중해 섬들 50여 곳과 이탈리아에도 몇 곳이 있습니다. 또 지금은 순례가 어려운 레바논, 이란, 이라크, 시리아와 기타 유럽 등 58곳의 성지도 있습니다. 아울러 각 지역의 문화유산도 함께 둘러볼 수 있도록 기술했습니다. 다만, 제가 다녀온 모든 성지를 책 한권에 다 소개할 수 없어서 주요 성지를 중심으로 담았습니다. 다음 기회에 레바논, 시리아, 이란 이라크 등 중동의 핵심 이슬람국가에 있는 기독교 성지도 소개할 수 있는 날을 고대합니다.

성지순례는 하나님의 은혜이자 축복입니다. 그러나 일반 여행과는 달리 육체적으로는 고된 일정이 될 수도 있습니다. 대신 저의 경험처럼 엄청난 기쁨을 주는 여정이라고 확신합니다. 예수님께서 걸으신 고난의 길을 생각하면, 그 정도는 언제든 이겨낼 수 있는 길이기도 합니다. 굳이 조언을 드린다면, 떠나기 전에 성경을 일독하고 가면 정말 많은 도움이

됩니다. 은혜도 몇 배로 얻으실 수 있습니다.

한편, 이 책에서 드리는 정보와 지식이 조금이라도 도움이 된다면 제게도 큰 영광입니다. 순례를 준비하며 설레는 분들께 용기를 드리고, 이미 성지에 계시는 영혼의 여행자들을 위해 기도하겠습니다. 혹은 이 책을 통해 눈으로 떠나는 순례길을 나선 분들도 열렬히 응원합니다.

이 책이 나오기까지 많은 도움을 주신 석학당 대표님, 편집장님, 디자인실장님과 많은 조언을 주신 여러분들께도 깊이 감사드립니다.

마지막으로 이 모든 영광은 창조주 하나님께 돌리겠습니다. 아멘!

2022. 7.

김성근

목차

CONTENTS

2 터키의 성지

3 그리스의 성지

4 요르단의 성지

5 이집트의 성지

6 이탈리아의 성지

1

성서의 땅 이스라엘

이스라엘 북부지역

갈릴리 호수와 주변성지

서부해안지역

예루살렘

중앙산지

요단강과 사해

예루살렘 남부지역과 네게브 광야

이스라엘! 성지순례를 꿈꾸는 사람이라면 듣기만 해도 마음 설레는 나라 이름입니다. 첫 번째 성지순례는 바로 이스라엘입니다. 이 책에서는 이스라엘 북부지역과 갈릴리 호수 주변, 서부해안지역과 예루살렘, 그리고 중앙산지지역과 요단강 및 사해지역까지, 그리고 마지막으로 남부지역과 네게브 광야로 나누어 소개하고자 합니다.

또 이스라엘을 모두 돌고나면, 중근동지방과 유럽의 성지도 함께 둘러보고 아기 예수님이 피난 가셨던 이집트와 사도바울의 전도여행지인 터키와 그리스도 살펴볼 것입니다. 그리고 시리아, 이란, 이라크를 비롯해서 이탈리아까지 성경 말씀을 따라 한 걸음씩 천천히 가 볼 예정입니다.

다시 이스라엘로 돌아와, 간단하게나마 이스라엘의 국가정보, 생활 문화 등과 순례객들을 위한 준비물도 간단하게 소개하겠습니다. 여행을 떠나기 전 참고하시면 좋겠습니다.

국명 이스라엘(the State of Israel)

면적 및 기후 20,770km^2(한반도의 약 1/10)

- Golan Heights 및 팔 자치지역(Gaza, West Bank)까지 포함시 면적은 총 28,023km^2(지형 : 평원, 산악, 사막, 해안)
- 지형 : 좁고 긴 형태(길이 470km, 너비 135km)
- 기후 : 지중해성 기후(우기는 11월~4월, 연강우량은 500~750mm)

수도 예루살렘(해발 750m, 인구 85만 명)

국제적으로는 수도로 인정받지 못하고 있으며, 각국 대사관은 모두 텔아비브에 소재(그간 예루살렘에 소재해왔던 코스타리카와 엘살바도르 대사관도 2006.8월 텔아비브로 이전)

민족 및 인구 850만 명(2019.7월 현재)

- 유태인 : 566만 명(80%)
- 구소련 이민자(112만 명) : 이 중 90년대 이후 이민자 약 85만 명
- 아랍계 및 기타 : 139만 명
- 드루즈족 1.6%
- 기타 3.6%
- 해외거주 유태인(Diaspora) : 약 800만 명(미국에 약 600만 명 거주)

언어 히브리어(공용어), 아랍어(공용어), 영어

종교 유태교(80.1%), 이슬람교(14.6%), 기독교(2.1%), 기타(3.2%)

국가형태 의회 민주주의

- 의회 : Knesset(단원제, 120석, 임기 4년)
- 독립 : 1948.5.14
- 국경일 : 유태력 5.5이 독립기념일(유태력에 따라 매년 변동)
- 매주 안식일(Shabat, 금요일 일몰에서 토요일 일몰까지)에는 대부분의 유대인 상점 및 공공기관이 문을 닫으며, 대중 교통수단도 운행 정지
- 주요 공휴일은 아래와 같으며, 유대력(달력)에 따르므로 날짜는 매년 변동
  부림절(Purim, 3월), 유월절(Passover, 4월), 현충일(Memorial, 4월 또는 5월), 오순절(Shavuot, 5월 또는 6월), 새해 설(Rosh Hashana, 9월 또는 10월), 속죄일(Yom Kippur, 9월 또는 10월), 초막절(Succot, 9월 또는 10월), 하누카(Channukah, 12월)
- 화폐단위 : NIS(New Israeli Shekel)
- 환율 : $1＝NIS 3.5(2020.04)

입 · 출국 및 여행준비물

- 미국여권, 한국여권 모두 사증(VISA) 요구되지 않음.
- 아랍국가와의 적대관계로 아랍지역여행자 및 일반여행자도 검색이 철저하며 공항경찰들이 간단한 인터뷰를 요구함.
- 여행준비물 : 일반 여행시와 준비물은 동일하나 성지순례에 필요한 성경, E-BIBLE, 선크림, 선글라스, 수영복

01

이스라엘 북부지역

텔 단

텔 단은 헬몬산(Mount Hermon) 기슭에 자리하고 있으며 북 요단강 3개의 발원지 중에서도 가장 중요한 곳이다. 어딜 가도 물이 풍부하고 숲이 우거져 마치 에덴동산처럼 보인다. '단'은 심판이라는 의미로, 이곳은 이스라엘의 12지파 중 단 지파의 일부가 이곳 북쪽지방으로 이주하여 거주한 곳이다.

하나님이 약속하신 가나안 땅이 '북쪽의 단에서 남쪽의 브엘쉐바까지'이기 때문이다.

이스라엘에 접해 있는 요르단도 '단에서 내려간 지역'이라는 뜻이다. 단 지파는 본래 용맹스러운 지파로 알려져 있다. 성경 속의 인물 삼손이 바로 단 지파다.

단의 뜻은 심판이지만, 야곱이 두 번째 아내 라헬의 여종인 '빌하'를 통해 낳은 다섯 번째 아들의 이름에서 유래했다. 라헬이 야곱에게 자기의 몸종 빌하를 아내로 주자, 야곱이 그와 한자리에 들었다. 빌하가 임신하여 아들을 낳자 라헬은 "하느님께서 내 권리를 되찾아 주셨구나. 그분께서는 내 호소도 들으셔서 나에게 아들을 주셨다네" 하면서 그 이름을 단이라 하였다. 오늘날의 텔단 지역은 구약성경에서 처음으로 등장할 때의 이름은 '라이스'였고, 이스라엘 지파에게 분배되지 않은 가나안 원주민들의 땅이었다. 그러나 지중해해안지역을 분배받았던 단 지파 사람들이 필리스티인들과의 전쟁에서 패하여 분배받은 땅을 포기하고 대신 북쪽으로 이동했다. 단의 후손들은 라이스를 정복한 후 조상 단의 이름을 따서 '단'이라고 부르면서 지금에 이른 것이다. 단 지파의 위대한 영웅은 삼손이다. 처음 단 지파에게 분할된 땅은 베냐민 지파의 왼쪽 해안가 지역으로 필리스타아인이 점령하고 있던 곳이다. 삼손과 같은 위대한 판관이 등장하였을 때는 그들과의 경쟁이 가능했지간, 이후 월등히 앞선 문명을 가진 필리스티아인들에게 밀려 분배받은 땅을 빼앗기고 북쪽 라이스 지역으로 밀려나게 되었다. 당시 북쪽 지역은 이스라엘 영토로 확정되지 않은 상태였고 가나안 사람들이 거주하였던 곳이었는데, 단 지파 사람들이 이를 정복하고 자신들의 조상 이름을 따서 단이라 하였다. 이로써 단은 구약 시대 이스라엘의 최북단의 경계도시가 되었다. 당시 이스라엘 영토를 표기할 때 '단에서 브엘 세바까지'라는 문구가 여기에서 유래했다.

텔 단 입구 표지

입구에서 산길을 따라 30분쯤 올라가면 언덕에 제사를 드리던 신당이 있다. 초대 북이스라엘의 왕인 여러 보암왕이 기원전 925년에 이 신당을 짓고, 금송아지를 신으로 삼아 제사를 지냈던 곳이다.

신당은 기원전 621년, 유대의 왕 요시야가 개혁을 하기 전까지 금송아지가 모셔져 있었다. 이곳을 지나 조금 더 올라가면 헬몬산이 보이고 레바논 지역도 육안으로 관찰할 수 있다. 출구 쪽으로 나가다보면 1차 성

텔 단의 신당

전 시대에 성문 유적이 나오고, 그 뒤편으로 2~3분쯤 걷다보면 가나안 시대의 아치형의 정문을 볼 수 있다.

가이사랴 빌립보

'가이사랴 빌립보(Caesarea Philippi)'는 베드로가 신앙 고백한 장소로 잘 알려져 있다. 또 예수님께서 하신 전도 사역의 가장 북쪽 지역 중의 하나이다.

"예수님께서 가이사랴 빌립보 지방에 제자들에게 물어 이르시되, 사람들이 인자를 누구라 하느냐" 시몬 베드로가 대답하여 이르되 "주는 그리스도요 살아계신 하나님의 아들이시나이다"(마16:13, 16).

2000년 전의 이 도시는 로마의 지배권에 있던 도시였다. 당시 황제인

가이사랴 빌립보

아우구스투스는 기원전 20년경에 이 나라를 헤롯에게 분봉왕의 통치권을 부여하였다. 헤롯은 감사의 표시로 이 장소에 여러 신전을 세웠으며, 특히 아우구스투스 신전은 대리석으로 만들어 황제에게 바쳤다.

헤롯왕의 아들인 헤롯 빌립은 기원전 2년경 이 도시를 더욱 확장하고, 아버지가 세운 가이사랴와 명칭이 중복되지 않도록 도시 이름을 '가이사랴 빌립보'로 개칭했다. 그 뜻은 "빌립이 황제에게 이 도시를 바칩니다"라고 한다.

바니야스 입구 표지

이곳에서 조금 떨어진 곳에 '바니야스'라는 곳이 있다. 이곳은 시원한 1급수 폭포가 떨어지는 곳으로 북 요단강의 3개의 수원지 중에 하나이다. 입구에 보면 '바니야스'라는 지명과 지금은 없어진 아우구스투수의 신전, 판 신전, 제우스 신전, 염소 신전 등의 그림이 그려져 있다.

바니야스

예수님께서는 이 신전 어느 곳에선가 제자들에게 처음으로 그리스도이심을 직접 알려주신 곳이며, 예루살렘에서 대제사장과 장로들에게 고난 받으시고 십자가에 달려 돌아가실 것을 말씀하셨다.

베드로는 예수님의 말씀을 부인하였지만, 예수님께서는 "사탄아 내 뒤로 물러가라, 너는 나를 넘어지게 하는 자로다. 네가 하나님의 일을 생각하지 아니하고 도리어 사람의 일을 생각하는도다(마16:23)"라고 베드로에게 말씀하셨다.

그리고 예수님께서 제자들에게 "누구든지 나를 따라오려거든 자기를 부인하고 자기 십자가를 지고 나를 따를 것이니라(마16:24)" 하셨다.

하솔

하솔은 성경에 여러 번 기록되었다. 여호수아가 하나님의 도우심을 받아 하솔을 공격하여 전멸시켰다는 이야기가 나온다. 역사학자들은 이

하솔 유적

시기를 기원전 13세기라고 추정하고 있으며, 지금도 하솔의 성에는 불에 탄 흔적이 남아 있다. 사사기에는 선지자 드보라와 바락장군이 하솔의 왕 야빈의 군대 장군인 시스라를 물리친 이야기가 있다. 솔로몬왕은 므깃도, 게셀과 함께 하솔에 전쟁을 위한 성을 건설하였다고 언급되고 있다.

하솔은 입구에서 보면 좌우측에 각각 3개씩의 방이 있는 성문이 보인다. 이 도시는 솔로몬 시대에 건축되어 므깃도나 게셀의 구조와 비슷하다. 이 도시는 크게 상부와 하부로 나누어져 있는데, 상부와 하부를 연결하는 계단이 발견됨으로써 이 사실을 확인할 수 있다. 상부는 주로 신전, 행정기관, 거주지 등이 있었고, 하부는 전쟁을 대비하기 위한 병참기지역할을 하던 곳이다. 이스라엘 박물관에는 하솔에서 발견된 유물들이 많이 전시되어 있는데, 그중 두 개의 사자 모양 동상은 이집트의 영향을 받은 유물로 추정된다고 한다.

헬몬산

히브리어로 '헤렘'은 '신에게 바치는 성스러운 도시'라는 뜻이 담겼다. 헬몬산의 이름은 여기서 나왔는데, 원래 '헤렘온'이었으나 시대가 지나면서 '헬몬'으로 변형되었다.

헬몬산은 이스라엘에서 가장 높은 산으로 건조하고 물이 부족한 이 지역의 대지를 촉촉이 적셔주는 이슬과 물을 공급해주고 있다. 눈이 녹아 흘러내리는 물은 요단강을 흘러 갈릴리까지 내려간다. 주변지역은 물이 풍부한 만큼 땅도 비옥하여 과일농사를 많이 짓는다. 고지대라 기온차가 심해 마치 비가 온 것처럼 이슬에 흠뻑 젖기도 한다.

02

갈릴리 호수와 주변성지

"예수께서 온 갈릴리에 두루 다니사 그들의 회당에서 가르치시며 천국 복음을 전파하시며 백성 중의 모든 병과 모든 약한 것을 고치시니 갈릴리와 데가볼리와 예루살렘과 유대와 요단강 건너편에서 수많은 무리가 따르니라"(마4:23, 25)

갈릴리 호수

이곳에 성지순례를 온 많은 분들이 "여긴 바다인가요, 호수인가요?" 라고 자주 묻는다고 한다. 이는 '얌'이란 말의 혼용에서 비롯된 측면이 있다. 고대 이스라엘에서는 호수든 바다든 물이 많은 곳을 얌이라고 표현하였고 갈릴리도 마찬가지였는데, 이를 다른 언어로 번역하면서도 혼용하기 때문이다.

구약 시대에는 이곳이 하프모양으로 생겼다하여 긴네룻(긴네르 : 하프와 비슷한 악기) 바다라 하였으며 신약 시대에는 게네사렛(Gennesaret)이라 하였고, 또 디베랴 바다라고도 불렀다.

갈릴리 호수의 크기는 남북이 13마일, 동서가 8.5마일이며 수심은 18피트 정도이다. 하지만 이곳은 해수면이 해발 −689피트 정도이기에 호수임에도 종종 파도가 치는 것을 볼 수가 있다. 예수님께서 이곳에서 제자와 함께 배를 타고 가실 때 큰 풍랑이 일었던 것도 이런 연유가 있어서 이다. 예수님께서는 이곳에 있는 가버나움 회당에서 많은 병자들을 고치시고 천국의 복음 말씀을 전하시었으며, 배를 타고 갈릴리 호수를 건너실 때 폭풍우를 잠잠하게 하셨던 곳이다.

예수님 사역의 역사가 남아있는 갈릴리 호수 주변 도시들

갈릴리 호수

갈릴리 호수의 석양

가버나움

가버나움은 예수님께서 활동하신 중심 도시로 갈릴리 호수에서 북동쪽으로 약 19마일 떨어져 있다. 예수님은 전도 활동을 하시고는 항상 가버나움으로 돌아오실 정도로 이 마을을 전도의 중심지로 삼으셨다. 그만큼 예수님을 만나기를 원하는 많은 사람들이 모여든 곳이기도 하다. 그래선지 성경에는 가버나움을 '본 동네'라고 언급하고 있으며, 지금도 가버나움에는 "Capernaum The Town of Jesus(가버나움 예수의 마을)"라고 적혀있는 파란 간판이 있다.

가버나움은 1894년에 이탈리아의 프란체스코 수도회의 쥬세뻬 발디가 당시 이곳에 거주하던 베두인 족에게서 폐허가 된 이 지역을 구입하였다. 그 후 1905년 독일인 쿨(Kohl)과 바징거(Watzinger)가 고고학적 연구를 위해 프란체스코 수도원의 허락을 받아 발굴을 시작했다. 그들은 4세기 것으로 추정되는 유대회당과 회당의 서쪽과 남쪽에서 고대 마을의 일부를 찾아내는 성과를 거두었다.

이 회당은 예수님께서 중풍환자를 치료하는 기적이 일어났던 곳이다. "사람들이 한 중풍병자를 네 사람에게 메워 가지고 예수께로 올새", "그

가버나움

가 일어나 곧 상을 가지고 모든 사람 앞에서 나가거늘 그들이 다 놀라 하나님께 영광돌리며 이르되 우리가 이런 일을 도무지 보지 못하였다 하더라"(막2:3, 12).

회당은 2층 구조의 본당과 별관으로 구분되어 있는데, 회당을 나오면 바로 맞은편에 1세기경에 지어진 공동주택 유적지가 나온다. 그 뒤에는 팔각형 모양의 베드로의 집터가 있다. 이 베드로의 집에서 예수님께서는 베드로 장모의 열병을 고쳐주셨다고 마태복음에 언급되어 있다. 당

가버나움 교회

가버나움 교회 내부

가버나움 교회 입구

가버나움의 베드로 동상

시 열병은 전염성이 강해 베드로의 장모는 마을에서 쫓겨날 위기에 처해 있었다. 예수님께서 고쳐주심으로써 병도 낫고 마을에서 쫓겨나지도 않은 그녀는 후에 이곳에서 예수님의 수종을 들게 되었다. 베드로의 집터에는 4세기경에 가정집 모양의 교회가 세워졌고, 5세기 중엽에는 팔각형 모양의 교회가 세워져 7세기까지 사용되었다.

현재 우리가 볼 수 있는 것은 1990년 이탈리아 건축가 아베타가 새롭게 세운 교회이다.

팔복 교회

팔복산 위의 팔복 교회(Mt. Beatitude, The Church of the Beatitudes)는 예수님께서 산 위에 무리를 모으시고 교훈을 내린 '산상수훈' 중 여덟 가지의 참된 행복을 말씀하셨던 것을 기념하기 위해 세워진 교회이다. 예수님은 이곳에서 이웃사랑에 대한 말씀과 빛과 소금의 비유 등을 말씀하셨다. 이 교회는 5세기경에 최초로 세워졌고, 현재의 교회는 1939년에 다시 건축한 기념교회이다. 이 때 가장 많은 헌금을 기부한 사람은 2차 대전을 일으킨 이탈리아의 무솔리니라는 설도 있다.

팔복 교회 내부

팔복 교회 전경

교회로 들어가는 입구는 잘 정돈되어 있다 오병이어의 기적을 생각하게 하는 돌로 된 모자이크가 있고, 길 옆에는 여덟 개의 복이 영어로 새겨져 있으며, 교회 입구에는 예수님께서 제자들과 함께 모인 무리들에게 가르치시는 장면들이 성화로 그려져 있다. 내부 지붕에는 여덟 개의 복이 라틴어로 쓰여 있다.

팔복교회에서 내려다보는 갈릴리의 모습은 정말 아름답다. 성경에 언급된 게네사렛, 가버나움, 벳세다, 거라사를 확실하게 볼 수 있다.

오병이어 교회

오병이어 교회는 우리가 잘 아는 '오병이어의 기적'을 기념하는 곳이다. 이곳에는 특별한 모자이크가 있는 것으로 유명하다. 바로 이스라엘의 문화재 중 세계적으로 높은 평가를 받는 '오병이어 모자이크'다.

성경에서 오병이어의 기적이 일어난 장소는 뱃새다 들녘이나 빈들에서 일어났다고 쓰여 있는데, 이 교회가 있는 곳은 갈릴리 북쪽 지역인 타부가라는 지역이다. 1930년대 초, 독일 학자들이 이곳을 발굴하면서 400년경 건축된 교회의 유적들을 발견했다. 놀라운 것은 교회의 바닥이

전부 모자이크로 장식되어 있었는데, 오병이어의 기적이 생생하게 묘사돼 있었다. 보존 상태도 좋았지만 역사적 측면에서도 매우 의미가 큰 발굴이었다.

독일 가톨릭에서 이곳에 교회를 지었다가, 1982년에 게오르켄과 바우만이라는 건축가에게 의뢰하여 다시 건축하였다. 오병이어 모자이크가 있는 곳을 교회재단 앞으로 오도록 설계하였으며, 오병이어 교회 혹은 기적 교회라고 했다.

오병이어 기적을 일으킨 당시 예수님을 따라다니던 사람들은 대부분 헐벗고 굶주린 자들이었다. 제자들은 그들이 먹을 것을 얻기 위해 폭동을 일으킬까봐 각자 먹을 것을 먹고 돌아오게 하라고 예수님께 제안을 드렸다. 하지만 예수님은 "갈 것 없다. 너희들이 어라"라고 말씀하시고 어린아이가 가지고 있던 물고기 두 마리와 빵 다섯 개로 기적을 일으키셨다. 무려 5,000명이나 되는 사람이 배불리 먹고도 12개의 광주리에 음식이 남아 있었으니, 이 정도의 음식을 마련하기위해서는 한 사람이 200일간 쉬지 않고 일해 돈을 모아야 한다.

오병이어 모자이크

오병이어 기념교회

나사렛

예수님은 "나사렛 예수"라 불리운다. 고대에는 성(Last Name)이 없어 이름에 별명이나 출신지 등을 붙여 불렀다고 한다. 나사렛은 히브리어로 '뿌리' 또는 '수호'한다는 의미다. 나사렛에는 그만큼 의미있는 성지가 많다.

"빌립이 나다니엘을 찾아 이르되 모세가 율법에 기록하였고 여러 선지자가 기록한 그이를 우리가 만났으니 요셉의 아들 나사렛 예수니라, 나다니엘이 이르되 나사렛에서 무슨 선한 것이 날 수 있느냐 빌립이 이르되 와서보라 하니라"(요1:45, 46).

수태고지 기념교회

나사렛 중심에 있는 이 교회는 '수태고지(아이를 낳을 것을 알려주는) 기념교회'라고 한다. 콘스탄티누스 황제의 어머니인 헬레나 성녀의 노력으로 2세기 이후 마리아 동굴을 중심으로 교회를 세웠다. 그 후 다섯 번이나 교회가 다시 세웠으며, 지금 모습의 교회는 1956년부터 약 10년간 이탈리

수태고지 기념교회

수태고지 기념교회 내부

아 건축가 지오바니 무치오에 의해 높이 60미터의 가톨릭 교회로 세워졌다.

교회 정문에 들어서면 맨 위쪽의 좌측에 가브리엘 천사와 우측에 마리아가 있다. 그 아래쪽에서 마태, 마가, 누가, 요한의 형상이 있으며, 아래쪽에는 예수님의 생애를 조각한 청동 문이 있고, 그 벽면에 세계 50여 개국에서 보내온 성모상이 있다. 그 중 한국에서는 보내온 성모상도 자리하고 있다.

콘스탄티누스 황제(272~337)
중기 로마 황제(재위 306년~337년)다. 흔히 기독교 사에서는 '콘스탄티누스 대제'로 통칭하며, 동방 정교회는 그를 성인으로 추대하여 '성 콘스탄티누스'로 호칭한다. 306년 7월 25일 브리타니아의 요크에서 병사들에 의해 군주로 추대되어 죽는 날까지 로마 제국을 통치했다. 이 분은 기독교를 승인한 로마 황제로 알려져 있다. 그는 기독교 역사에서 전환점이 되는 중요한 역할을 했는데, 313년 밀라노 칙령으로 기독교에 대한 관용을 선포하여 기독교에 대한 박해를 끝내고 사실상 정식 종교로 공인했다.

헬레나(248~329)
'성녀 헬레나' 또는 '콘스탄티노폴리스의 헬레나'는 콘스탄티우스 클로루스의 첫 번째 아내이자 콘스탄티누스 황제의 어머니다. 고대 그리스어로 '태양'이라는 뜻이다. 그녀와 관련해서는 수많은 이야기가 전해지는데, 그 중에서도 326년 그녀가 예수의 행적의 발자취를 따라 예루살렘으로 성지순례를 간 이야기가 특별하다. 순례 중 헬레나는 예수가 매달렸던 십자가와 함께 예수의 시신이 3일간 매장되었던 무덤을 발견하고, 예수의 무덤에 작은 기념성당을 건축하게 하였으며 십자가는 로마로 가지고 돌아왔다. 성녀 헬리나의 축일은 8월 18일이며, 아들인 콘스탄티누스의 축일은 5월 21일이다.

요셉 교회

수태고지 교회 2층에서 밖으로 나가면 바로 앞에 요셉 교회가 있다. 이 교회는 1914년에 요셉의 동굴집으로 여겨지는 곳에 지었다. 예수님께서도 이곳에서 유년기와 청년기를 보낸 곳으로 학자들은 추정하고 있다. 2000년 전에 이곳은 아주 작은 동네였으므로, 요셉과 예수님이 동네 안에서 목수 일로 생계를 잇기는 어려웠을 것이다. 대신 나사렛에서 북쪽으로 3마일 정도 가면 찌포리라는 로마의 신생도시가 건설되고 있었는데, 요셉과 예수님은 주로 이곳에서 목수 일을 하셨을 것으로 학자들은 추정하고 있다.

수태고지 기념교회 내 요셉동상

회당 교회

수태고지 교회에서 약 200미터 거리에 회당 교회가 있다. 누가복음 4장에는 예수님께서 나사렛의 회당에 오셔서 이사야서 61장 1절에서 3절까지 인용하시고 가르치신 기록이 있다. "주 여호와의 영이 내게 내리셨으니 이는 여호와께서 내게 기름을 부으사 가난한 자에게 아름다운 소식을 전하게 하려 하심이라 나를 보내사 마음이 상한 자를 고치며 포로된 자에게 자유를, 갇힌 자에게 놓임을 선포하며, 여호와의 은혜의 해와 우리 하나님의 보복의 날을 선포하여 모든 슬픈 자를 위로 하되 무릇 시온에서 슬퍼하는 자에게 화관을 주어 그 재를 대신하며 기쁨의 기름으로 그 슬픔을 대신하며 찬송의 옷으로 그 근심을 대신하시고 그들의 의 의나무 곧 여호와께서 심으신 그 영광을 나타낼지라 일컬음을 받게 하려 하심이라" 회당교회에는 이곳이 바로 그 장소라는 표시가 되어 있다. 현재는 그리스 정교회소속이며 회당의 중앙재단에는 예수님이 나사렛에서 말씀하시는 성화가 정면에 있다.

가나 혼인잔치 기념교회

복음서에 의하면 예수님께서 처음으로 기적을 행한 곳이 '가나'라고 기록되어 있다. 가나는 크파르 가나와 키르벳 가나로 나누어진다. 3세기경 초대 순례기에 등장하는 곳은 크파르 가나로 우리가 일반적으로 가나라고 알고 있는 곳이다. 하지만 키르벳 가나에서도 폐허가 된 고대의 흔적들이 발굴되었다. 2000년 전의 가나는 갈릴리 지방의 중심 마을로

혼인잔치 기념교회

나사렛보다 더 큰 마을이었으며, 혼인잔치 기념교회가 대표적인 성지이다.

이 교회는 예수님께서 혼인잔치에 첫 표적을 보이셨던 곳이다. “사흘째 되던 날 갈릴리 가나에 혼례가 있어 예수의 어머니도 거기 계시고”(요2:1). 이 말씀의 의미는 혼인잔치가 시작되고 삼일 째 되던 날로 해석되고 있다. 3세기경 예수님의 기적의 장소를 순례하던 파울라와 에우도키움이 이 장소를 기적의 장소로 기록하였고, 1879년 프란체스코 수도원에서 이곳에 혼인잔치 기념교회를 세웠다. 그 후 새로운 고고학적 발굴을 통해 이곳에서 돌항아리 등을 발견하기도 했다.

티베리아스

티베리아스는 갈릴리에 인접해 있는 도시로 역사적으로 굴곡이 많았던 곳이다. 20년경 헤롯왕의 아들인 헤롯 안티파스는 이곳에 로마식의 도시를 건설하여 갈릴리 왕국의 수도로 삼았다. 당시 로마 황제인 티베리아스의 이름을 따서 도시 이름을 정한 것이 지금에 이르고 있다. 그는 이곳을 건설하며 유대인을 강제로 이주시켜 살게 했다. 그 후 유대와 로마의 전쟁으로 예루살렘에서 추방당한 유대인들이 유입되어 유대문화의 새로운 중심지가 되었다. 한편, 헤롯 안티파스는 세례 요한을 참수한 왕으로도 알려져 있다.

200년경 모세오경을 해석한 법전인 ‘미슈나’가 많은 유대교 랍비들에 의해 편집되어 이곳에서 완성되었으며, 500년경에는 탈무드의 한 종류인 예루살렘 탈무드가 완성된 곳이기도 하다. 티베리아스는 비잔틴 시대부터 많은 기독교인들이 거주했지만, 636년 이슬람에 의해 도시가 점령되었다. 이후 1099년부터는 십자군들이 약 90년간을 지배하기도 했다.

탈무드(Talmud)는 모세가 전하였다는 또 다른 율법, 또는 아브라함 시대에 이미 있었을 것으로 여겨지는 구전들 중에서 율법을 기록한 문서집인 미슈나(Mishnah)와 '종합'이라는 뜻의 후대 의견들인 게마라(Gemara)가 교차 편집된 것을 통칭하는 용어다. 미슈나는 기원전 2~3세기에 랍비 유다 하나시(Judah ha-Nasi)가 집대성했다. 탈무드는 전 육부 육십 삼편 또는 육십 사편으로 구성되어 있는데, 크게 바빌로니아 지방에서 전수된 바빌로니아 탈무드와 팔레스타인에서 편집된 예루살렘 탈무드로 분류된다. 탈무드는 유대인들에게 성서와 '동일하게' 중요하게 여기며, 랍비의 교시를 중심으로 한 현대 유대교의 주요 교파의 다수가 기본 경전으로 인정하고 있다, 종교적 유대인의 생활과 신앙의 기반이지만, 어디까지나 히브리어, 아랍어, 랍비 히브리어로 작성된 문서집만 경전으로서 인정한다. 우리에게 많이 알려진 것은 바벨론 탈무드이다.

베드로 수위권 교회

베드로는 열두 제자 중 예수님과 가장 많은 시간을 보낸 제자다. 예수님께서 가이샤라 빌립보에서 "너희들은 나를 누구라 생각하느냐"라고 제자들에게 하신 질문에 "주님은 살아계신 하나님의 아들이 십니다"라고 답한 제자가 바로 베드로다. 베드로는 수위권에 임해졌는데, 수위권이라 함은 수제자의 권리를 위임한다는 의미이다.

이 교회는 1938년 프란시스코 수도회에서 베드로가 미래 교회의 수장으로 선택된 것을 기념하기 위해 바위 위에 세운 교회다. 지금 교회 중앙 앞에 있는 바위는 예수님께서 제자들을 위해 식탁으로 사용하셨던 것이다. 한편, 베드로는 '바위'라는 뜻이다. 베드로의 원래 이름은 시몬이었는데, 예수님께서 새로 지어주신 이름이기도 하다.

베드로 수위권 교회

벳새다

벳새다는 '어부의 집'이라는 의미를 가지고 있으며, 열두 제자 중에 베드로, 안드레, 빌립의 고향이다.

"화 있을진저 고라신아 화 있을진저 벳새다야 너희에게 행한 모든 권능을 두로와 시돈에게 행하였더라면 그들이 벌써 베옷을 입고 재에 앉아 회개하였으리라"(마11:21).

예수님께서 이곳에서 오병이어의 기적을 이루셨다. 로마 시대 마을로 1세기부터 4세기 사이에 거주했던 마을 터가 있으며, 중앙도로를 따라가다보면 왼쪽에 포도주 창고가 있다. 조금 더 나아가면 갈릴리 호수를 볼 수 있는 전망대가 있으며, 왼쪽으로 320피트 정도에는 성으로 들어오는 성문 터 유적지가 나타난다.

거라사

예수님의 전도 활동 지역이었던 데가볼리 지방 중의 하나이다. 골란 고원으로 오르는 계곡 초입의 해발 2,000피트에 위치해 있으며, 1967년 도로 확장 공사 중에 유적이 발견되었다. 입구에서 왼쪽으로 100피트쯤 가면 마당에 5세기경에 있었던 비잔틴 건축의 교회 유적이 있고, 교회 내부에는 당시에 사용한 것으로 추정되는 물 저장소의 흔적과 세례 터가 남아 있다.

거라사는 배를 타고 갈릴리를 건너오신 예수님께서 군대라는 귀신들린 사람을 고쳐주신 치유의 기적이 있던 곳이다. 성경에서 이곳에 유대인들의 금기 음식인 돼지가 2,000마리나 있었다는 기록으로 보아 이방인들이 거주지였던 것으로 추정된다.

고라신

가버나움에서 북쪽으로 약 3마일 거리에 위치한 고라신은 성경에서는 딱 한번 언급되지만, 예수님께서 가버나움과 같이 종종 가시던 지역이었다. 한때는 번영하였으나 가버나움과 같이 예수님의 저주를 받은 후 폐허가 되었다.

현재 고라신에 남아 있는 유적은 가버나움의 유대인 회당과 같이 2-3세기에 건축된 검은색 현무암 회당이다. 회당으로 올라가는 계단은 저마다 넓이가 다르다. 이는 거룩한 장소이니 급히 올라가지 말라는 것을

고라신 유대인 회당 터

뜻한다. 회당은 도리아 양식으로 건축되었으며, 안에 들어서면 우측에 성경에 언급된 '모세의 자리'라고 쓰여 있는 돌로 된 의자가 있다. 그러나 이 의자는 모조품이다. 진품은 이스라엘 박물관 고고학관에 전시, 보존되어 있다.

"이에 예수께서 무리와 제자들에게 말씀하여 이르시되 서기관들과 바리새인들이 모세의 자리에 앉았으니"(마23:1-2).

막달라

티베리아스에서 갈릴리 호수길을 따라 약 4마일 이동하면 절벽이 많은 아르멜산 아래 한 마을이 나온다. 이곳은 성경 속에 일곱 귀신이 들린 여인으로 등장해 예수님께 고침을 받은 막달라 마리아의 고향이다. 이 여인은 나중에 예수님의 무덤에 제일 먼저 찾아갔던 인물이기도 하다. 최근 고라신은 예수님 시대로 추정되는 마을 유적을 대규모로 발굴하고 있다.

다볼산

성지순례 중에는 잠깐 스쳐지나가는 곳이지만 성경적으로 매우 중요한 장소다. "남북을 주께서 창조하셨으니 다볼과 헬몬이 주의 이름으로 즐거워하나이다"라고 시편 89장 12절에 나온다. 현재 이곳에는 이스라엘에서 가장 아름다운 교회가 있다. 이 교회는 이탈리아의 유명 건축가 바를루찌가 설계하여 1924년에 완공했다. 교회의 정원 벽에는 바를루찌의 조각이 있고, 정문 좌측에는 모세를 기리는 작은 경당과 우측에는 엘리야를 기념한 경당이 있다. 교회 내부에는 예수님께서 변형하시는 성경 말씀의 모자이크가 정면 재단 위에 전시되어 있으며, 교회 지붕은 나무로 만들어져 구원의 방주를 상징한다고 한다. 이 교회를 나와 오른쪽으로 가면 탁 트인 다볼산의 주변 경관을 볼 수 있다.

다볼산 교회

03

서부해안지역

텔아비브

텔아비브는 이스라엘의 건국 도시다. 20세기 중반, 1900년 동안 전세계에 흩어져 있던 이스라엘 민족이 건국을 맞아 텔아비브를 통해 입국하였다. 1948년 5월에 텔아비브 박물관에서 벤구리언 수상이 독립선언을 낭독한 역사적 도시이며, 첫 번째 이스라엘의 수도이기도 하다.

대부분의 선진국의 대도시처럼 텔아비브는 이스라엘의 경제, 금융, IT, 다이아몬드 등 모든 산업의 중심지다. 유대인들의 성지인 예루살렘이 거룩함을 상징하는 도시라면, 텔아비브는 자유와 다양성의 도시다. 각자 다른 매력을 가진 두 도시를 비교하며 느끼는 것도 순례의 또 다른 즐거움이다.

가이사랴

가이사랴는 아름다운 항구 도시다. 원래 페니키아식 항구였는데 헤롯왕이 로마식 항구로 개조했다고 한다. 헤롯왕은 로마의 황제들에게 충성심을 인정받아 34년 동안 분봉왕의 지위를 유지했다. 그는 기원전 22년부터 12년 동안 중근동에 아름다운 로마식 도시를 건설하였으며, 7년간 갈멜산으로부터 물을 끌어오는 수로를 만들어 도시 발전에 크게 기여했다.

이곳에도 헤롯의 궁전, 로마식 원형경기장, 대전차경기장 등 많은 건축물과 잔해들이 남아 있다. 당시 2만 명 이상이 거주할 수 있는 인공 방파제도 건설했을 정도였다. 원형경기장은 5천명을 수용할 수 있는 규모로 지었는데, 아쉽게도 지금은 절반 정도만 남았다. 그럼에도 보존상태가 좋아 오늘날에도 오페라, 콘서트 등의 공연이 열리고 있다. 해변 쪽에는 헤롯왕의 궁전 터와 대전차경기장이 있다. 헤롯왕의 궁전 터에서는 본디오 빌리도의 이름이 적혀져 있는 석회암 판이 발견되기도 했다. 이는 본디오 빌라도가 실존 인물임을 증명하는 유물로, 고고학적으로나 성경적적으로나 매우 가치가 큰 발견이었다.

가이사랴는 항구 도시라는 특성으로 로마의 총독부가 있었던 곳이다. 총독 본디오 빌라도는 평상 시 이곳에 거주하였으며, 예수님께 사형선고를 내리기 위해 예루살렘으로 이동한 것으로 학자들은 추정하고 있다.

가이사랴는 성경적으로 아주 중요한 도시이다. 예수님의 제자 베드로가 욥바에서 비몽사몽 간에 환상을 봤다. 먼 곳의 이방인 백부장 고넬료도 이와 똑같은 환상을 겪었다. 이를 이상하게 여긴 고넬료는 이틀이 걸리는 거리에 있는 베드로의 집에 하인을 보내 베드로의 방문을 청했다. 이에 베드로는 그의 집을 찾아 세례를 주었다. 이 일은 이방인에게 준 첫 세례가 되었다. 사도행전 10장에 언급된 내용으로, 하나님은 유대인만의 하나님만이 아니라 모든 민족의 하나님임을 베드로를 통해 확실히 보여주신 것이다.

또 사도행전 22장에 보면 사도 바울은 예루살렘에서 로마군에 의해 이곳 가이사랴에 구금되었다. 구금 중 바울은 지방 왕과 로마 총독에게 복음을 전하였으며, 이는 복음이 이스라엘에서 유럽으로 넘어가는 중요한 계기가 된 장소이기도 하다.

"그날 밤에 주께서 바울 곁에 서서 이르시되 담대하라 네가 예루살렘에서 나의 일을 증언한 것 같이 로마에서도 증언하여야 하리라 하시니라"(행23:11).

가이사랴

가이사랴 로마 원형경기장

한편, 가이사랴는 기원 후 오리게네스, 유세비우스와 같은 많은 성서학자들이 머물며 성서를 연구하며 신학적 이론을 정리한 곳으로도 알려져 있다.

분봉왕

로마는 속국을 통치하기 위해 총독을 파견하는 총독 정치를 기본으로 삼았지만, 이 외에도 다양한 통치방법을 실시했다. 특히 유대와 같이 민족의식과 종교의식이 강한 나라들에 대해서는 지나친 충돌을 피하기 위해 어느 정도 자치권을 허락해주었다. 로마는 유대의 지배 세력에게 영토를 나누어주면서 그들이 영토를 다스릴 수 있게 허락했다. 이런 경우에 로마로부터 영토를 받은 사람을 분봉왕이라고 칭하였다. 헤롯왕이 대표적인 인물이며, 이후에도 이를 세습한 헤롯의 아들들이 유대를 나누어 다스렸다. 헤롯 안티바는 갈릴리의 분봉왕이었고, 그의 동생 빌립은 이두래 지역의 분봉왕이었으며, 배다른 동생 루사니아는 아빌래네의 분봉왕이었다.

악고

악고는 지중해의 항구 도시다. 신약성경을 보면 "두로를 떠나 항해를 다 마치고 돌레미아에 이르러 형제들에게 안부를 묻고 그들과 함께 하루를 있다가(행21:7)"라는 구절이 있는데, 바로 사도 바울의 3차 전도여행 중 잠시 머물렀던 장소다. 악고는 성경 상으로 그리 중요한 장소는 아니지만, 고대(약 4000년 전)부터 두로, 사돈과 함께 페니키아의 중요 항구 중의 하나다.

욥바

욥바는 예루살렘에서 서북쪽으로 65km 정도 떨어져 있는 지중해 항구 도시로 구약 시대에는 단 지파가 살던 곳이다. 솔로몬이 예루살렘의

욥바의 베드로 기념교회

성전을 건축할 때, 레바논에서 벌채한 백향목을 두로나 시돈 항구에서 배에 싣고 지중해를 건너 이곳 욥바 항구로 이송했다. 이후 육로를 거쳐 예루살렘으로 실어 날랐다(대하2:16). 또한 선지자 요나가 하나님의 명령을 불복종하여 다시스로 도망가기 위해 배를 탄 곳이기도 하며, 사도행전 10장에 베드로가 다비다라는 여인을 살리고 시몬이라는 사람 집에 머물며 꿈속에서 환상을 본 장소도 욥바다.

욥바에는 베드로의 환상기념교회가 있으며, 주변 공원은 예술작품 등 볼거리가 많다. 특히 그곳에서 내려다보는 텔아비브는 정말 아름다운 항구임을 확인할 수 있다.

므깃도

'므깃도'는 아마겟돈의 어원이다. 히브리어로 '세계 최후의 전쟁'이라는 뜻이다. 이 말은 요한게시록 16장 16절에 나온다.

순례지로써 므깃도는 이스라엘의 골짜기가 훤히 보이는 곳에 위치하고 있으며 이집트, 시리아, 메소포타미아를 잇는 중요한 요충 지역이다. 역사 고고학자들에 의하면 므깃도는 기원전 3500년 전부터 마을이 형성되었으며, 출애굽 당시에는 여호수아에 의해 가나안 땅과 함께 정복했다. 그 후 다윗왕이 점령하고, 솔로몬왕은 므깃도의 중요성을 감안하여 하솔, 게셀과 함께 견고한 요새로 건축했다(왕상9:15). 그러나 기원전 923년경 애굽의 왕 시삭이 므깃도를 파괴하였으며, 이후 아합왕 때 다시 재건되었다. 부상당한 아하시아왕이 여기에서 죽었으며(왕하9:27), 요시야왕도 애굽왕 바로 느고에 의해 이곳에서 죽임을 당하였다(왕하23:28-30). 그 후 이곳은 폐허로 남아 있게 되었다.

므깃도 전경

므깃도 유적지의 출입구로 들어가면 고대 중근동지역의 지도가 있다. 이곳의 성문은 기원전 10세기경인 솔로몬 시대의 것으로 추정되고 있으며, 물이 귀했던 지역 특성 상 인공수로를 이용해 물 공급을 했던 흔적들도 찾아볼 수 있다. 등불을 올려놓을 수 있도록 돌을 파서 만든 공간 등 기원전의 많은 유적들을 볼 수 있다.

아마겟돈

하르마게돈(라틴어 : Harmagedon)은 요한계시록에 나오는 세기말 선과 악이 싸울 최후의 전쟁터를 의미한다. 많은 문화권에서 시간의 끝(종말)이나 혹은 그와 비슷한 재앙을 나타내는 말이다. 히브리어로 하르는 '산'이며 마게돈은 '므깃도', 즉 므깃도 산을 일컫는 말에서 유래되었다. "전능자이신 하느님의 큰 날의 전쟁"과 직접 연관되어 있으며, 특히 "사람이 거주하는 온 땅의 왕들"이 여호와를 반대하고 예수 그리스도에 의한 그분의 왕국을 반대하여 모이는 상태나 상황을 가리킨다.

04

예루살렘

"이에 총독의 군병들이 예수를 데리고
관정안으로 들어가서 온 군대를 그에게로 모으고 그의
옷을 벗기고 홍포를 입히며 가시관을 엮어 그 머리위에
씌우고 갈대를 그 오른손에 들리고 그 앞에서 무릎을 꿇고
희롱하여 이르되 유대인의 왕이여 평안 할 지어다 하며
그에게 침을 뱉고 갈대를 빼앗아 그의 머리를 치더라
희롱을 다 한 후 홍포를 벗기고 도로 그의 옷을
입혀 십자가에 못 박으려고 끌고 나가니라"
마태복음 27장 27절-31절

예루살렘은 크게 구 예루살렘(Old City)과 20세기에 새로 건설된 신 예루살렘(New City)로 나누어진다. 성경에 나오는 예루살렘 성이라고 부르는 곳이 바로 올드 시티다. 지금 우리가 볼 수 있는 올드 시티의 성벽은 오스만 터키가 이스라엘을 지배하던 당시 술레이만 1세가 재건과 보수를 한 것이다.

창세기에 언급된 살렘의 왕 멜기세덱의 이야기를 근거로 삼으면, 예루살렘의 역사는 4000년 전부터 시작되었다. 3000년 전에는 다윗왕이 여부스 족속을 물리치고 예루살렘을 도성으로 삼아 33년간을 통치했다.

올해가 다윗이 이스라엘로 수도로 옮긴지 3026년이 되는 해다. 이런 역사적, 종교적 배경으로 볼 때 예루살렘은 이스라엘의 종교와 정치의 중심지라는 것은 확실하다.

예루살렘은 '평화의 성벽도시'라는 의미로, 옛날부터 "세상에 아름다운 것이 열 가지 있다면 예루살렘에 아홉 가지가 있다"라고 일컫는 도시이기도 하다. 시리아 태생으로 중세 이슬람 최고의 인물로 꼽히는 살라딘 장군은 예루살렘을 정복한 후 "예루살렘은 아무 것도 아니 것 같지만, 모든 것이기도 하다"라는 유명한 말을 남기기도 했다. 현재 예루살렘은 유대교, 이슬람교, 기독교 등 3대 종교의 중요 성지이기도 하다.

술레이만 1세(1520~1566)
오스만제국의 토대를 만들었으며 터키의 최대 황금 시대를 이끌었던 왕으로 동양과 서양의 모든 국가가 두려워했을 정도로 위세를 떨쳤었다.

성전산

4000년 전, 하나님께서 아브라함의 믿음을 보시려고 100세에 얻은 이삭을 모리아 산에서 바치라고 명령하셨다(창22:2). 그 모리아 산이 바로 성전산으로 예루살렘의 성전이 있었던 곳이다.

기원전 1000년경 다윗은 이스라엘을 함락하고, 그의 아들 솔로몬은 7년 동안 성전을 건축했다. 그때 세워진 '제1차 성전'은 기원전 586년 바벨론의 느부갓네살왕에 의해 파괴되었다. 당시 약 2만 명의 유대인들이 바벨론에 포로로 잡혀가며 유대인의 디아스포라가 시작되었다.

디아스포라

팔레스타인 지역을 떠나 각지에 흩어져 살면서 유대의 관습과 규범을 지키는 유대인을 뜻하는 말이다. 기원전 6세기 바빌론 유수로 인해 중동 전역의 유대인 집단이 그 시작이었으며, 이후에도 유대인들은 팔레스타인 재정착과 외세의 침입으로 인해 이주를 반복하게 된다. 역사상 가장 유명한 디아스포라는 서기 132년 로마제국을 상대로 일으킨 반란이 진압된 후 하드리아누스 황제가 유대인들의 예루살렘 거주를 금지하면서 많은 유대인들이 국외로 이주하게 된다. 다만, 유대인의 예루살렘 추방에 대해 우리가 잘못 알려진 부분도 있다. 이미 그 전부터 유대인들은 자발적으로 이집트나 소아시아 일대로 이주를 했다는 사실이다. 애초에 기원전 4세기부터 서기 1세기까지 약 500년간 이어졌던 헬레니즘 시대에는 사해동포주의가 만연해 국외 이주를 꺼려하는 분위기가 아니었다. 또, 상대적으로 미개발지역이었던 팔레스타인보다는 다른 지역으로 이주하는게 먹고 살기에 유리했기 때문이다. 한편 로마제국 시대에도 예루살렘을 제외한 팔레스타인 지방을 포함한 전 지역에서의 유대인 거주를 허용했으며, 예루살렘 거주가 금지된 것은 유대교를 믿는 유대인들뿐이었다.

기원전 515년, 유대인들은 제1차 성전 이후 70년 만에 다시 예루살렘으로 돌아와 스룹바렐의 지휘 아래 '제2차 성전'을 세우게 되었다. 이후 성전은 여러 번 보수와 재건을 거듭하게 되었으며, 특히 로마 시대의 분봉왕 헤롯에 의해 46년간 보수된 성전은 '제1차 성전'의 4배 규모였다고

감람산에서 본 성전산 전경

한다. 하지만 기원전 18년경 마지막으로 세워졌던 성전도 기원후 70년경 로마의 막강한 황제였던 티투스에 의해 파괴되었다.

예수님께서는 12살에 이 성전에서 율법 선생과 종교지도자들과 함께 대화를 하셨으며, 성전은 '내 아버지의 집'이라고 말씀하셨다. 예수님 당시 유월절이 되면 예루살렘은 순례자들로 인산인해를 이뤘다. 평소 2만 5천 명이던 인구가 12만 5천 명까지 모여들었다. 순례자들은 각자의 소원을 위해 하나님께 희생 제사를 드렸고, 매일 제사에 쓰는 동물들의 피가 성전 남쪽으로 흘러 기드론 계곡을 물들였다고 한다. 제사장들은 대목을 잡은 양 돈벌이에 혈안이 되었고, 화려하게 지은 금빛 헤롯성전과 대리석 기둥들이 빛을 받아 번쩍였다.

예수님은 그 모습을 지켜보며 탄식하셨다. 그리고 제자들에게 "너희가 이 모든 것을 보지 못 하느냐. 내가 진실로 너희에게 이르노니 돌 하나도 돌 위에 남지 않고 다 무너뜨려 지리라"(마태복음24:2)라고 예언하시고 눈물을 흘렸다고 한다. 후일 로마가 기독교화 되고 비잔틴 교회가 이스라엘 전역에 교회를 지을 때도 이곳은 예수님께서 저주하신 곳이라 여겨 교회를 세우지 않았다.

성전산에는 이슬람 모스크인 황금돔 사원이 있다. 이 모스크의 중앙

헤롯 성전 모형

황금돔 사원

황금돔 사원 내부

알 아끄사 모스크

에는 큰 바위가 있어 원래 이름은 '바위돔(Dome of Rock)' 사원이었다. 이 사원은 638년 이슬람 세력이 이곳을 점령한 후 칼리파 우마르에 의해 661년 건축이 계획되었고, 우마이야조 칼리파 압둘 말리크가 691년에 완공하였다. 내부에는 가로 35피트, 세로 50피트의 거대한 바위가 있다. 유대인과 아랍인 공동의 시조인 아브라함이 하나님의 명령에 따라 아들 이삭(이슬람에서는 이스마엘)을 제물로 바치려 했던 곳이 이 바위였다고 한다. 이슬람 전설에 의하면 무하마드가 알라신으로부터 하루에 5번 기도를 하라는 계시를 받은 곳이기도 하며, 메카의 카바에서 온 무하마드가 이 바위를 밟고 신이 내려준 부락(Buraq)이라는 영험한 동물을 타고 하늘로 승천했다고 전해진다.

'황금돔 사원'으로 이름이 바뀐 것은 1950년대 요르단의 후세인 국왕이 1,100파운드의 황금을 지붕에 입히면서부터다. 이 사원 옆에는 '알 아끄사 모스크'가 있다. 이는 712년 알 왈리드왕에 의해 지어졌으며 이슬람에서는 '바알 마스지드 알 아끄사'라고 부른다. 가장 멀리 있는 모스크라는 의미로, 메카에서 예루살렘까지 종교적 측면에서 가장 멀리 있다는 뜻으로 해석된다. 황금 사원과 알 아끄사 모스크는 우마이야조 칼리파 압둘 말라크의 최대의 역작으로 평가받고 있다.

예루살렘 올드 시티

앞에서 언급한 대로 예루살렘은 올드 시티와 뉴 시티로 나뉘는데, 올드 시티(Old City)는 예루살렘의 성안을 지칭한다. 이곳은 다시 크게 네 구역으로 구분하여 기독교인 구역(Christian Quarter), 무슬림 구역(Muslim Quarter), 유대인 구역(Jewish Quarter), 아르메니아인 구역(Armenian Quarter)으로 나눠져 있다.

성안에는 유명한 십자가의 길과 베데스다 못, 통곡의 벽 등이 있다. 성문은 모두 8개로 황금문을 제외하곤 지금도 모두 사용하고 있다. 이 8개의 성문을 모두 둘러보는 것도 순례의 묘미다.

야파 문

야파 문

야파 문(Jaffa Gate)은 욥바 문이라고도 하며 성의 서쪽에 있다. 성경에서 지중해의 욥바(Joppa) 항에서 동쪽으로 3일 정도 걸어오면 만나게 된다는 문이 바로 야파 문이다(욘1:3).

이 문은 아브라함이 묻힌 헤브론을 향하기 때문에 아랍 사람들은 '밥 엘 할릴'(Bab el-Khalil, '친구의 문'이라는 뜻)이라고 부른다. 야파 문에는 '1538년 술레이간 대제가 이 문을 세웠다'라는 아랍어가 쓰여 있다. 성문 오른쪽으로는 1898년 독일의 빌헬름 2세가 예루살렘 방문을 준비하며 성벽을 허물고 만든 길이 있다.

또 올드 시티의 랜드마크인 다윗의 망루(Tower of David)가 있는데, 이 망루는 십자군 시대에 세워진 것으로 알려져 있다. 이와 함께 예루살렘 역사 박물관이 있다.

시온 문

시온 문(Zion Gate)은 남서쪽에 자리하고 있다. 이곳은 아르메니아 구역으로 로마 시대의 남북도로에서 가깝다. 시온 문의 아랍어 이름은 '밥 나비 다우드'(Bab Nabi Daud)인데, 문자적인 의미는 '선지자 다윗의 문'이다. 아마 근처에 다윗의 무덤이 있기 때문에 그러한 이름이 붙은 듯하다. 다윗의 무덤 건물 위에는 예수님이 유월절에 제자들과 함께 최후의 만찬을 하셨던 마가의 다락방이 있다. 이 문 주변을 자세히 보면 많은 총탄 자국을 볼 수 있는데, 1967년 이스라엘과 아랍간의 6일 전쟁 당시의 흔적이라고 한다.

로마와 비잔틴 시대의 시온 문은 시온 산을 품고 있었다고 한다. 그러나 술레이만 1세가 예루살렘 성을 보수할 때 재정 문제로 성의 남쪽을 축소하여, 시온 산이 성 밖으로 밀려나면서 지금에 이르고 있다.

분 문

분 문(Dung Gate)은 기드론 골짜기와 가까운 올드 시티의 남쪽에 위치하고 있다. 여러 문 중에 가장 낮은 곳에 있어 성내의 오물들이 이 문을 통해서 버려져 일명 '오물문'이라고 부르기도 한다. 16세기에는 북아프리카의 아랍인인 무어인들이 주변에 거주하여 '무어 문'이라는 다른 별명도 있다. 이 문을 지나면 유대인들이 가장 성스럽게 여기는 예루살렘 서쪽 벽, 즉 통곡의 벽에 이르게 된다. 또한 무슬림의 성지인 바위 돔(the

Dome of the Rock)으로도 올라갈 수 있다. 바위 돔에 가려면 정갈한 차림의 옷을 입어야 한다. 아무리 더운 여름이라도 짧은 반바지나 소매가 없거나 심하게 파인 웃옷은 입장할 수 없다. 혹시 그런 차림으로 갔다면, 긴 스카프나 숄과 같은 것을 이용해 목에 감거나 앞치마처럼 둘러야 겨우 입장을 허락받을 수 있다.

본 문

황금문

황금문

황금문(Golden Gate) 또는 동문(Eastern Gate, 겔43:4)이라고 부르는 이 곳은 예루살렘 동쪽 벽, 곧 기드론 골짜기와 감람산과 마주하고 있는 벽에 있는 문이다. 두 개의 문으로 이루어져 있으며 곧바로 성전산으로 이어진다. 히브리어로는 '샤아르 하라하밈'(Sha'ar HaRahamim)이라 하며 '자비의 문'이라는 의미다. 유대인들은 메시아가 오시면 영생을 얻기 위해 죽은 자들이 일어나 이 문을 지나 천국에 들어갈 것이라고 말한다. 그러나 이 문은 유대교, 기독교, 이슬람교(Muslim)와 모두 관계가 있다. 먼저 유대인들은 앞서 말했듯이 메시아가 와서 황금문을 통해 성전산으로 들어가 이스라엘을 구속(救贖)할 것이라고 믿는다. 에스겔서 44장 1절부터 3절에 따르면 영광과 메시아가 이 동문으로 들어오셔서 문을 닫게 된다라고 돼 있다. 또 여호와의 날에 하나님께서 도래하셔서 동쪽 감람산에 설 것이라고 말했다(슥14:4). 그래서 예루살렘 성벽 동쪽의 감람산에는 유대인 무덤들이 있는데, 여호와의 날에 부활을 기대하는 믿음이 반영된 결과이다. 기독교에서는 예수님이 종려주일에 감람산에서 황금문을 지나 성전산으로 올라가셨기 때문에 중요하게 여긴다(마21:1-11; 막11:1-11; 눅19:28-38; 요12:12-19). 한편 이슬람교에서는 정복자나 메시아가 이 문을 통해 들어갈 것이라고 주장한다. 그럼에도 이슬람 제국인 16세기 오스만 터키의 술레이만은 스가랴서의 예언이 성취되고 유대교 메시아가 성전산에 들어가는 것이 두려워 황금문을 막아버렸다. 그래서 오늘날에도 황금문은 여전히 막힌 상태로 남아 있다.

스데반 문

사자의 문

스데반 문(St. Stephen Gate) 또는 사자문(Lion's Gate)은 예루살렘 동쪽 벽의 황금문에서 약간 북쪽에 자리 잡고 있다. 스데반 문이라는 이름은 초대 교회 스데반 순교자가 기드론 골짜기에서 돌에 맞아 죽는 사건에서 비롯되었다. 사자문은 문 바깥쪽 벽 좌우에 각각 2마리씩 새겨진 사자 부조 때문에 붙은 이름이다. 전설에 따르면 16세기 오스만 터키 제국의 술레이만 1세는 사자에게 잡아먹히는 꿈을 꾸었다. 해몽가들은 그 꿈이 황제가 방치하고 있는 거룩한 예루살렘 성을 보호하라는 계시라고 해석했다. 이에 술레이만 황제는 1540년 칙령을 내려 성벽을 재건하면서 문 양 옆에 사자 부조를 만들도록 명령했다. 이 문으로 들어가면 바로 베데스다 연못(the Pool of Bethesda)을 만나게 된다.

헤롯 문

예루살렘 북쪽의 헤롯 문(Herod's Gate)은 헤롯왕의 아들인 헤롯 안티파스의 궁전이 있어서 헤롯문이라고 부르며, 성문 위에 아름다운 꽃무늬 조각이 있어 '꽃 문'이라고도 부른다. 히브리어로는 '샤아르 하페라힘'(Sha'ar HaPerachim), 즉 '꽃의 문'이라는 뜻이다. 역사적으로 이 문은 피의 전쟁이 끊이지 않았던 곳이다. 바벨론, 로마, 십자군 등을 포함한 침략자들이 북쪽을 통해서 예루살렘으로 들어왔다. 예루살렘의 동쪽은 기드론 골짜기, 중앙에는 중앙 골짜기, 서쪽에는 힌놈 골짜기가 있어서 침략군들이 예루살렘을 공략하기 위해서 골짜기가 없는 북쪽으로 진입해야 했기 때문이다.

헤롯 문

다메섹 문

다메섹 문(Damascus Gate)은 예루살렘 성 북쪽 3개의 문 중에 가장 규모가

다메섹 문

크고 성벽 중앙에 있다. 이 문의 히브리어로는 '샤아르 세켐'(Sha'ar Shechem)이라고 하는데, '세겜의 문'이라는 의미다. 이 문을 통해 다메섹으로 향하는 이들에게는 '다메섹 문'으로, 북쪽의 세겜으로 향하는 이들에게는 '세겜의 문'으로 불리면서 이름을 달리 썼다. 아랍어로는 '밥 엘 아무드'(Bab el-Amud)인데 '기둥의 문'이라는 뜻이다. 로마인들이 남북으로 이어지는 도로인 카르도를 만들면서 거리를 측정하는 이정표를 세웠는데, 다메섹 문 안쪽 중앙 플라자에 기둥을 세워 유대 지역의 영점을 표시한 데서 이런 아랍어 이름이 붙은 것으로 보인다. 다메섹 문은 오스만 터기 제국 술레이만이 16세기에 세웠다. 그러나 이미 그 자리에는 옛날 헤롯 대왕이 만든 문과 로마 황제 하드리아누스가 만든 문이 있었으며, 그 두 개의 문 위에 다시 세운 것이다.

기독교인을 박해하던 사울이 다메섹으로 가는 길에 주님을 만나게 되고, 돌아올 때는 바울이 되어 이 문을 지났다는 이야기가 있다.

새 문

새 문(New Gate)은 예루살렘 성벽 서북쪽에 있다. 19세기 오스만 제국의 술탄 압둘 하미드가 만든 작은 문으로 8개의 문 중 가장 늦게 만들어졌다. 히브리어로는 '샤아르 하다쉬'(Sha'ar Hadash)이며 아랍어로는 '밥 엘-제디드'(Bab el-Jedid)인데, 모두 '새 문'이라는 뜻이다. 이는 본래 16세기 성벽을 구축할 때는 계획에 없다가 19세기에 이르러 기독교인 순례자들이 용이하게 드나들 수 있도록 만들었다.

베데스다 연못

예루살렘 스데반 문 안쪽에 위치한 베데스다 연못은 2천년 전 기드론 골짜기에서 내려오는 빗물을 받아 예루살렘 성전에 물을 공급하던 곳이다. 베데스다는 개신교 명칭이며, 천주교에서는 벳자타라고 한다. 베데스다는 '자비의 집'을 의미한다. 연못 주변은 고대부터 종교적 목적과 의학적 치료 목적을 위한 장소였다. 스데반 문을 통해 들어오는 성전의 제물들이 깨끗이 씻긴 것처럼, 자신들의 몸도 깨끗이 치유되길 바라며 베데스다 연못으로 모여 들었다. 특히 병자들은 당시에 성전에 제사를 드릴 수 없었기에, 어서 몸을 치유하여 성전에 제사드리기를 고대하는 마음이 간절했다. 요한복음 5장에 예수님께서도 이곳에서 38년 된 병자를 치유하셨으며, 하드리아누스 황제 때에는 치료의 신인 에스쿨라피오 신전을 만들기도 했다. 베데스다 연못은 가로 세로 각 350 피트와

베데스다 연못 터

성안나 교회

220피트, 깊이 60피트의 꽤 규모가 있는 연못이었다. 바로 옆에는 성안나 교회가 있다. 이 교회는 예수 그리스도의 어머니인 성모 마리아가 태어난 곳으로 그 부모인 요하킴(Joachim)과 안나(Anne)의 집이 있던 자리라고 전해진다. 교회는 역사적 부침을 거듭했다. 비잔틴 시대인 400년경에 최초로 세워졌지만 614년 페르시아의 예루살렘 침공으로 파괴되었다. 그 후 모데스투스(Modestus) 수도사에 의해서 복원되었으나 이집트의 파티마조 칼리프 하킴에 의해 1010년에 또 파괴되었다. 1140년에 발드윈 1세(Baldwin I)의 부인이 로마네스크 양식으로 교회를 다시 세웠으며, 그 뒤로 베네딕트 수녀회에서 관리했다. 그러나 1192년에 예루살렘을 정복한 오스만 터키의 살라딘왕이 이곳을 이슬람 신학교로 개조했다. 1856년 오스만 터키 제국이 크림전쟁 당시 프랑스의 원조에 대한 호의로 파괴된 교회와 부지를 '백인신부수도회'에 양도하여 지금까지 소유하고 있다. 교회 내부의 아치형 주랑은 십자군 시대의 건축 양식을 잘 보여주고 있으며, 건축당시 공명이 잘되도록 설계하여 예루살렘의 어느 교회보다 소리울림이 좋은 곳이다. 누가 찬양을 하더라도 아름다운 소리를 내는 곳으로 알려져 있다.

파티마조 칼리프 하킴(Hakim Biamr-Allah, 996~1021)

시아파의 일족이자 무함마드의 딸 파티마의 후손이라 주장하는 이스마일파가 파티마 조를 세워 909년부터 1171년까지 존속했다. 하킴은 왕조가 가장 번성했던 시기의 칼리프였다. 수도는 초기에는 마디야였지만 알만수리아로 옮겼다가 다시 카이로로 이전했다. 이후 십자군을 몰아내고 아이유브 술탄국을 세운 수니파의 살라흐 앗 딘에 의해 멸망했다. 살라흐 앗 딘은 이때 칼리파(종교지도자)가 아니라 '술탄(정치지도자)'을 칭했는데, 이후 아이유브 국을 대체 계승한 맘루크 술탄국 역시 그러했다.

비아 돌로로사

"이에 총독의 군병들이 예수를 데리고 관정안으로 들어가서 온 군대를 그에게로 모으고 그의 옷을 벗기고 홍포를 입히며 가시관을 엮어 그 머리 위에 씌우고 갈대를 그 오른손에 들리고 그 앞에서 무릎을 꿇고 희롱하여 이르되 유대인의 왕이여 평안 할 지어다 하며 그에게 침을 뱉고 갈대를 빼앗아 그의 머리를 치더라 희롱을 다 한 후 홍포를 벗기고 도로 그의 옷을 입혀 십자가에 못 박으려고 끌고 나가니라"(마27:27-31).

비아 돌로로사(Via dolorosa)는 본디오 빌라도의 법정인 안토니오 요새부터 골고다 언덕 위의 성묘교회까지 이르는 약 2,000피트의 길이다. 바로 예수님께서 사형선고를 받으신 후 십자가를 메고 걸으셨던 고통의 길이었다. 비아 돌로로사는 라틴어로 '비탄의 길' '슬픔의 길'이란 뜻이다. 예수님 이후 이 십자가의 길을 처음 만든 것은 1294년 라칼두스 신부에 의해 그 위치를 확인하였으며, 1540년경 프란체스코 수도회에 의해 확정되었다. 예수님께서 골고다 언덕까지 올라가실 때까지 있었던, 14처소라고 부르는 열네 번의 사건 지점들이 표시되어 있다. 이 길은 그저 답사나 순례로 들르기엔 너무 거룩한 장소다. 성지순례 중에 가장 성스럽고 아픈 곳이기에 우리는 한걸음 한걸음 예수님을 깊이 생각하며 걸어야 하는 곳이다.

비아 돌로로사 표지

프란체스코 수도회(Ordo Fratrum Minorum)

'성 프란체스코의 수도규칙'을 따르는 그리스도교의 수도회(Ordo)를 일컫는 말이다. 프란체스코회의 회원과 성 프란치스코의 수도규칙을 따르는 무리를 '프란체스칸'이라고 부르며, 프란체스칸 가족에는 작은형제회, 꼰벤뚜알 프란체스코회, 카푸친 작은형제회와 클라라수녀회, 그리고 수도 3회, 율수회, 재속프란체스코회와 재속회 등이 있다. 프란체스칸의 기원은 이태리 아시시의 성 프란체스코가 창립한 초기 형제들과 교회사적으로는 탁발수도회까지 거슬러 올라간다. 이들은 거리의 설교자로서 복음적 삶의 형태를 기본 삼아 우선 행하며, 대중에게 설교를 하고 가난한 사람이나 병든 사람, 특히 한센병 환자들을 돌보는데 주력했다.

1지점(1처소) 본디오 빌라도 법정

예루살렘 성의 사자문으로 들어가면 본디오 빌라도가 예수님께 사형선고를 내렸던 장소가 나온다. 바로 헤롯왕의 친구인 안토니오를 위해 만든 안토니오 요새다. 기원후 70년 로마의 티투스 황제가 이곳을 파괴해 현재는 아랍 초등학교가 자리하고 있는데, 학교 정문 옆에 로마 숫자로 '1'이라는 표식이 있다. 이는 제 1처소를 의미하는 것으로 비아 돌로

1지점 선교교회 내부의 성화

로사의 시작점이라고 볼 수 있다. 그 지점에 선교교회가 있으며, 교회 안에는 예수님께서 재판정에서 사형선고를 받고 나오시는 장면을 그린 생생한 성화가 있다.

그림 상에 예수님께서 걸어 내려오고 있는 '거룩한 계단'(Santa Scala)은 콘스탄티누스 대제의 어머니인 헬레나 성녀에 의해서 로마로 옮겨졌고, 현재는 로마 라테라노 대성전 옆에 위치한 '산타 스칼라'(Santa Scala) 성당에 모셔져 있다. 산타 스칼라 성당을 순례할 때에는 아래 계단부터 28개가 되는 계단을 무릎을 꿇고 올라가는 것이 순례의 전통이다.

이 선교 교회 안에는 이 외에도 가시면류관을 쓰고 홍포를 입으신 예수님의 모습과 십자가를 지시고 골고다 언덕으로 향하는 예수님의 모습이 있는 성화가 있다.

안토니오 요새

선교 교회

2지점(2처소) 로마 병사들에게 채찍을 맞으신 장소

1지점인 선교교회 맞은편에 채찍교회가 있다. 이곳은 예수님께서 로마 병사들에게 39대의 채찍을 맞으신 장소에 십자군 시대에 세운 교회다. 이후 17세기에는 마굿간으로 사용하기도 했다. 지금의 모습은 1927년 이탈리아의 안토니오 발루치가 재건하고 수리한 모습이다.

채찍교회

채찍교회 내부의 스테인드글라스

이 교회 안에는 3면이 스테인드글라스로 장식되어 있다. 예수님이 십자가에 매달리신 모습, 본디오 빌라도가 손을 씻는 모습, 그리고 예수님 대신 풀려난 바라바의 기뻐하는 모습이 묘사돼 있다.

3지점(3처소) 처음 쓰러지신 장소

2지점에서 600피트 정도 떨어진 곳에 아르메니아의 정교회가 있는 3지점이 있다. 예수님께서 약 100파운드가 넘는 무거운 십자가를 지고가시다 첫 번째로 쓰러지신 장소다. 교회 입구에는 3지점이라는 표시와 예수님께서 쓰러지신 모습의 조각이 있다.

교회 내부에도 예수님께서 십자가를 지고 고통 속에 쓰러지신 모습이 성화로 그려져 있으며, 예수님 뒤로 수많은 사람들이 십자가를 지고 예수님을 따르는 모습이 함께 그려져 있다.

"또 무리에게 이르시되 아무든지 나를 따라오려거든 자기를 부인하고 날마다 제 십자가를 지고 나를 따를 것이니라"(눅9:23)

3지점의 아르메니아 교회 정문 위 조각

3지점의 아르메니아 정교회

3지점 아르메니아 정교회 교회 안의 성화

4지점(4처소) 어머니인 마리아를 만나셨던 장소

3지점을 막 지나면 4지점이 나오며, 이곳 역시 아르메니아 정교회의 교회가 있다. 이곳은 십자가를 지고 가는 예수님께서 어머니 마리아와 눈이 마주친 장소라고 알려져 있다. 교회 지하로 내려가면 모자이크가 있는데, 예수님께서 십자가를 지고 가시는 모습을 바라보던 어머니 마리아의 신발자국이라고 전해온다.

마리아를 만났던 장소

4지점 아르메니아 정교회 정문 위의 조각

5지점(5처소) 시몬이 예수님 대신 십자가를 진 장소

5지점으로 가는 길은 아주 복잡한 시장길이다. 특히 아랍 구역이라선지 보존 상태가 좋지 않다. 리비아의 트리폴리 출신의 시몬이 로마 병사에 의해 예수님 대신 십자가를 진 곳이다. 이 사건의 시몬은 그 전에 예수님과 직접 관련이 없는 사람이지만, 예수님의 십자가를 대신 짐으로써 우리에게 중요한 메시지를 전달하게 된다. 이곳에는 가톨릭의 프란체스코 성인을 기리는 작은 교회가 세워져 있다. 이 교회 우측 벽면을 보면 예수님께서 손을 짚으셨다는 손자국이 남아 있다.

예수님의 손자국

5지점의 가톨릭교회

시몬이 예수님의 십자가를 대신 지는 모습

6지점(6처소) 성 베로니카 여인이 예수님의 얼굴을 닦아준 지점

로마 군인들은 주변의 군중들을 선동하여 예수께 침을 뱉고, 오물을 던지고, 욕설을 하도록 선동하였다. 하지만 베로니카는 이 상황을 아랑곳하지 않고 예수님의 피와 땀을 닦아드리는 선행을 하였다. 그러자 놀랍게도 베로니카의 손수건에는 예수님의 얼굴이 새겨졌다고 한다. 베로니카는 원래 혈루병을 앓고 있었지만 이후 병이 나았다고 전해지고 있

성 베로니카가 손수건으로 예수님의 피와 땀을 닦아줬던 장소

다. 이 손수건은 현재 로마의 베드로대성당에 보관되어 있으며, 현재 베로니카 기념교회에 있는 것은 복제품이라고 한다.

7지점(7처소) 예수님께서 두 번째 쓰러지신 지점

6지점을 지나면 바로 7지점이 나온다. 프란체스코 수도회의 작은 교회가 있는 이곳에는 예수님께서 두 번째 쓰러지신 모습의 작은 조각이 있다. 이곳에 있는 로마 기둥에는 예수님의 사형을 알리는 선고장이 붙어 있었다고 전해진다.

두 번째 쓰러지신 예수님

8지점(8처소) 예수님께서 예루살렘의 여인들을 위로하신 지점

십자가의 행렬을 따르며 슬피 우는 여인들을 보고 예수님께서 예루살렘성의 환란을 예언하시고 여인들을 위로 하셨던 장소다.

"예수께서 돌이켜 그들을 향하여 이르시되 예루살렘의 딸들아 나를 위하여 울지말고 너희와 너희 자녀를 위하여 울라"(눅23:28).

이곳에는 돌에 새겨진 'NIKA'라는 글자가 있는데, 이 의미는 '주께서 승리하셨다'라는 의미이다.

9지점(9처소) 예수님께서 세 번째 쓰러지신 지점

약간의 계단을 올라 9지점에 도착하면 이집트 정교회 소속의 곱틱 교회가 보인다. 교회 옆에 약간 비스듬히 서있는 로마 시대 기둥이 있는데, 이곳이 바로 예수님께서 3번째 쓰러지신 장소이다.

이 근처에는 에티오피아 정교회에서 관리하는 작은 교회인 쿤다라가 있고, 이곳을 지나면 골고다 언덕의 거의 마지막인 성모 교회 광장과 만날 수 있다.

10지점(10처소) 예수님의 옷을 벗기고 십자가에 못 박을 준비를 하던 장소

10~14지점까지는 골고다 언덕에 세워진 성묘 교회, 일명 예수님무덤 교회 내에 모두 있다. 당시에 이 언덕은 성 밖에 있었으며, 주로 유대인들을 처형하고 시신을 묻었던 무덤이 있는 장소였다고 한다. 성모 교회로 들어가 오른쪽의 계단을 이용하여 2층으로 올라가면 여기가 골고다 언덕의 정상이다. 이 10지점은 로마 군인들이 십자가에 예수님을 못 박기 위해 옷을 벗긴 장소이다. 로마 병사들은 예수님의 옷을 갖기 위해 제비뽑기를 했다고 전해진다. 성경에는 "그들이 내 옷을 나누고 내 옷을 제비 뽑나이다"라고 쓰여 있다. 교회 내부 성화에는 예수님을 못 박는 로마 병사와 어머니 마리아의 슬퍼하는 모습이 함께 그려져 있으며, 못을

골고다 언덕으로 올라가는 계단

박는 로마 병사의 얼굴은 고통으로 울고 있는 모습이라고 해석되고 있다. 이 10지점에는 '옷 벗김의 예베소'가 마련되어 있다.

11지점(11처소) 예수님의 손과 발에 못 박히신 장소

예수님께서 손과 발에 못 박히신 장소이다. 이곳에는 예수님이 못 박히는 모습, 그를 지켜보는 어머니 마리아의 모습이 담긴 모자이크 성화가 있다. 모자이크 앞의 은으로 만든 제단은 1609년 이탈리아 토스카나의 대공과 메디치가문의 '페르디난도 1세'가 기증한 것이다.

12지점(12처소) 예수님께서 십자가에 달려 운명하신 장소

예수님께서 숨을 거두신 장소다. 예수님께서는 이곳에서 숨을 거두었다.

"예수께서 신 포도주를 받으신 후에 이르시되 다 이루었도다 하시고 머리를 숙이니 영혼이 떠나가시니라"(요19:30).

"예수님을 향해 서있던 백부장이 그렇게 숨지심을 보고 이르되 이 사람은 진실로 하나님의 아들이었도다 하더라"(막15:39).

재단 중앙에 있는 작은 구멍은 십자가를 세웠던 구멍이며 예수님께서 운명하신 장소를 표시하는 곳이다. 이곳에 있는 바위는 예수님이 운명하시는 순간 지진이 일어나 반으로 쪼개진 바위이다.

십자가에 못 박혀 운명하신 모습

13지점(13처소) 운명하신 예수님을 십자가에서 내린 장소

이곳은 예수님의 시신을 십자가에서 내려 놓은 장소로, 큰 바위가 침대처럼 성전 바닥에 박혀 있다. 이 바위에서 예수님께 수의를 입혀드렸다. 아울러 1778년 포르투갈의 마리아 1세 여왕이 기증한 마리아의 조각이 있다.

마리아 1세

Maria I de Portugal(1734년 12월 17일~1816년 3월 20일). 포르투갈과 알가르브 왕국의 여왕이자 브라질 왕국의 국왕이다. 그녀는 포르투갈에서 '경건 여왕(a Piedosa)', 브라질에서는 '미친 여왕(a Louca)'이라 불렸다. 최초의 브라질 군주이자 포르투갈 역사상 첫 섭정을 맡은 여왕이기도 하다.

예수님이 십자가에서 내려지는 모습

예수님을 수의로 감싸고 있는 모습

14지점(14처소) 부활하신 장소

성묘 교회 정문 안에서 왼쪽으로 보이는 건물이 예수님께서 3일 만에 부활하신 장소다. 성스러운 이곳의 입구로 들어가면, 처음 나오는 방은 시체를 염하던 곳이었다. 그리고 예수님께서 돌아가시고 처음 무덤을 방문한 막달라 마리아에게 천사가 나타나 예수님의 부활을 알려줬던 장소다. 중간에 보면 항상 초가 밝혀져 있는 정사각형의 기둥이 있는데 이

부활하신 곳

것은 예수님의 무덤을 막았던 돌의 일부라고 전해진다. 두 번째 방은 예수님께서 부활하신 장소다. 방 안에 있는 대리석이 바로 부활하신 곳이며, 예수님의 부활을 믿는 기독교인들에게는 큰 의미가 있는 장소다.

골고다 언덕의 성묘 교회

2000년 전 예수님께서 못 박혀 돌아가신 골고다 언덕은 당시 우뚝 솟은 언덕에 아무 것도 없는 황량한 장소였다. 하지만 지금은 많은 상점과 교회들이 들어서 언덕이라는 느낌이 없을 정도로 복잡한 곳으로 변했다. 이곳의 성묘 교회는 '거룩한 무덤 교회'라고도 부르며, 동방 교회에서는 '주님부활 기념교회'라고 부른다. 이곳은 예수 그리스도가 십자가에 못 박히고 시신이 묻혔던 곳, 즉 예수님의 무덤이라 하여 많은 그리스도인들이 골고타(해골 터)로 기념하는 유적지다. 이 교회는 예수님이 부활한 장소로 알려져, 4세기부터 기독교 성지순례의 중요 장소가 되었다.

오늘날 이곳은 그리스 정교회의 예루살렘 총대주교청의 역할을 수행하고 있다. 하지만 교회의 사용권은 로마 가톨릭교회, 그리스 정교회, 아르메니아 정교회, 시리아 정교회, 콥틱교, 에티오피아 정교회 등 기독교를 대표하는 여섯 종파가 공유한다.

이스라엘 성지순례를 왔던 헬레나 황후가 골고다 언덕에서 3개의 나무 십자가를 발견하고, 아들인 콘스탄티누스 황제에게 청원하여 이곳에 성묘 교회를 세우게 되었다. 이때가 기원후 336년이며, 하드리아누스 황제가 세운 비너스 신전을 허물고 성묘 교회를 세웠다고 전해진다. 성묘 교회는 기원후 614년 페르시아에 의해 파괴되며 십자가를 빼앗기기도 했다. 하지만 기원후 631년 비잔틴 황제인 헤라클리우스의 중재로 다시 십자가를 되찾았다고 한다. 그 후 1009년 칼리파 알 하킴에 의해 교회의 기초가 무너져 폐허 상태로 20여년을 방치하게 되었고, 1027년 비잔틴 제국에 의해 재건축이 진행되었다. 그러나 셀주크 투르크 칼리파는 기독교인의 방문을 불허하며 십자군운동이 일어나는 원인을 제공하게 된 역사적 장소이기도 하다. 1099년 1차 십자군 원정에서 십자군은 예루살렘을 정복하고, 1149년 다시 성묘 교회를 세웠다. 이때 명칭도 '부활 교회'에서 '무덤 교회'로 바뀌었다.

그 후에도 1187년 2차 십자군 원정, 1545년 지진과 1808년 화재 등으로 파손과 보수를 거듭하였으며, 이후 러시아 정교회가 보수하여 지금에 이르고 있다. 이런 역사적인 여러 사건으로 성묘 교회는 러시아 정교회, 아르메니아 정교회, 로마 가톨릭, 기독교, 라틴교회, 콥틱교회 등에서 각자 소유권을 주장하였지만, 1959년 이들의 합의로 공동으로 소유권 및 유지보수 관리를 하고 있다.

성묘 교회 안으로 들어가면 입구에 커다란 두 개의 나무 문이 있으며,

성묘 교회(무덤 교회)

입구 우측으로 경사가 급한 계단을 오르면 거기가 골고다 언덕이다. 계단을 내려오면 예수님의 시신을 염했던 반석이 있으며, 그 뒤에 예수님께서 십자가에서 돌아가시는 장면, 염하는 모습 그리고 돌무덤에 장사되는 모습을 담은 모자이크화가 있다. 그 좌측은 예수님께서 3일 만에 부활하신 돌무덤이 있던 장소로 커다란 사각형의 건물이 있다. 교회 입구 오른쪽에 지하통로로 내려가는 계단이 있는데, 이를 통해 지하로 가면 헬레나 황후가 예수님의 십자가를 발견했다는 물 저장소가 있다. 이곳에는 헬레나 황후와 예수님의 동상이 있다.

당시 십자가 형은 가장 저주받은 사형방법으로 십자가의 나무 또한 저주의 상징이었다. 하지만 지금은 십자가가 예수님을 상징하는 성스러운 나무가 되었다. 성묘 교회 또한 역사적으로는 오랜 동안 여러 종족간의 이전투구의 장소였지만, 지금은 "예수께서 부활하셨다"라는 중요한 말씀의 장소가 되었다.

푸블리우스 아일리우스 트라야누스 하드리아누스
Publius Aelius Trajanus Hadrianus(76년 1월 24일~138년 7월 10일). 로마 제국의 제14대 황제(재위 : 117년~138년)이다.

헤라클리우스(575년~641년 2월 11일)
라틴어로는 Flavius Heraclius Augustus이다. 610년 악정을 펼치던 전임 황제 포카스로부터 제위를 찬탈하여 동로마 황제가 되었다. 그의 치세 동안 남쪽의 이슬람이 발흥하여 시리아, 팔레스타인, 이집트, 메소포타미아 등지를 잃었지만 군관구제와 둔전병제를 최초로 실시하여, 무너져가는 동로마 제국의 군대와 행정을 개편하고 라틴어 대신 그리스어를 공용어로 채택하는 등 제국을 민심에 맞게 변화시켰다. 열강과 이민족의 침략으로 풍전등화 상태였던 동로마 제국이 그가 창안하고 정착한 군사, 행정조직 덕분에 이후 800년이나 더 존속할 수 있는 기반이 만들어졌다.

십자군전쟁(Crusade)
1095년 교황 우르바노 2세가 처음 1차 십자군을 모집하여 중세 라틴 교회의 공인을 받아 시작된 종교전쟁이다. 좁은 의미의 십자군이라고 하면 성지를 이슬람 세력으로부터 탈환하기 위해 지중해 동해안 지역에서 진행된 전쟁들을 일컫는 것이다. 이교도나 이단의 토벌, 가톨릭 집단 내부 분쟁, 정치적 이득 등 전쟁의 동기는 매우 다양했다. 그러나 십자군 시대에는 '십자군'이라는 말은 존재하지 않았으며, 1760년경을 전후하여 처음 십자군이라고 칭하였다.

통곡의 벽

로마의 티투스 장군은 수개월간의 혈투를 치른 끝에 제2 예루살렘성전을 함락하고 성전을 모두 파괴하였다. 그때 로마의 위대함을 보여주기 위해 예루살렘성의 서쪽 벽(Western Wall)을 남겨 놓았는데, 그곳이 바로 지금의 '통곡의 벽(The Wailing Wall)'이다. 히브리어로는 '하코텔(hakotel)'이라고 부른다.

유대인들은 정신적 지주였던 성전이 파괴되자 한쪽만 남은 통곡의 벽 앞에서 애통해 하며 통곡을 했다고 한다. 그러나 로마는 그마저도 허락하지 않고 유대인들을 예루살렘에서 전부 쫓아냈다. 예루살렘도 로마의

통곡의 벽

황제 이름인 '아엘리아 카피톨리아'로 바꿔 부르며 '유대'라는 이름도 '팔레스티나'로 변경했다.

서기 330년 이후 비잔틴 시대에 이르러 흩어져 있던 유대인들이 1년에 한번 이곳에 모여 통곡의 벽을 두드리며 기도했다. 이곳이 유대인들의 지성소와 가장 가까이 갈 수 있는 장소였기 때문이다.

1948년부터 1967년 이전까지 이곳은 요르단 땅이었다. 그때까지 유대인들은 이곳을 1년에 단 한번만 방문할 수 있었다고 한다. 그러나 1967년 6월 전쟁이 이스라엘의 승리로 끝나면서 유대인들은 자유롭게 통곡의 벽에서 기도를 할 수 있게 되었다. 총길이 165피트, 높이 60피트인 이 벽은 오랜 역사를 가진 만큼 무너지고 다시 쌓는 등 재건축을 거듭했다. 벽은 17단의 돌로 쌓았다. 맨 아래 7단까지는 헤롯왕이 재건한 2차 성전의 돌이고, 그 위의 4단까지는 로마가 쌓아올린 돌이며, 그리고 나머지 그 위의 돌들은 오스만 터키 시대에 쌓아올린 것이라고 한다.

통곡의 벽은 남녀에 따라 기도하는 곳이 다르다. 또 방문 시 남자는 유대인들에게는 가장 성스러운 장소인 만큼 겸손을 상징하는 키파나 모자를 써야 한다. 여성은 무릎이 보이는 치마나 어깨가 나오는 옷을 입을 수 없으며, 기도를 마친 후에도 등을 돌리지 말고 뒷걸음질로 나와야 한다. 한편 유대인들은 기도를 한 후 기도문을 성벽에 끼워 넣는 전통이 있다. 성경에는 이곳에서 예수님과 사마리아의 여인이 대화했던 장소로 쓰여 있다.

성전산 지하터널

'성전산 지하터널(Western Wall Tunnel)'은 통곡의 벽 광장에서 바로 입구로 들어갈 수 있다. 성전산 서쪽 벽 지하에 있으며, 일명 '하스모니아 터널'이라고도 불린다. 터널 북쪽 끝에 하스모니아 시대(헤롯 이전 시대)의 수조, 일명 스트루시온 연못(Struthion Pool)이 있기 때문이다. 요르단과의 6일 전쟁에서 승리한 이스라엘은 성전산 서쪽 벽을 발굴하기 시작했으며, 그 과정에서 길이 1,590피트의 긴 성전산 지하터널을 발견했다. 발

성전산 터널 서쪽 문 입구(가운데 아치)

스트루시온 연못

성전산 터널 내부 벽

굴은 20년간 지속되었으며 1988년부터 일반 관광객들에게 차츰 공개하기 시작했다. 터널 내부에는 2차 성전 때 만들어졌던 성벽이 있고, 여기에서 가장 큰 돌이 일명 '서쪽 돌(Western Stone)'이다. 이는 동력 기구를 사용하지 않고 사람이 옮긴 가장 무거운 돌이라고 알려져 있다. 헤롯 시대의 돌로 무게가 무려 570톤에 달한다고 한다. 이 터널을 따라 가다보면 성스러운 지성소와 가까웠던 문이 나타난다.

다윗성

다윗은 헤브론 지역의 왕으로 7년간 이 지역을 통치하며 수도를 예루살렘으로 옮긴다.

다윗성(City of David)은 예루살렘에서 가장 오래된 정착지이며 성서에서 언급하는 예루살렘으로 인식되는 곳이다. 이미 청동기 시대에 성벽을 쌓아 다윗왕이 왕궁을 짓고 수도로 삼은 곳이다. 다윗왕은 왕궁과 신전 등을 건설하며 수도의 면모를 갖춰 나갔는데, 북쪽에는 왕궁과 창고가 있는 '다윗성'을 짓고 남쪽에는 일반주거지를 건설했다. 예루살렘은 서쪽의 티로펀 계곡(Tyropoeon Valley), 즉 중앙 계곡과 남쪽의 힌놈의 골짜기(Hinnom valley), 동쪽의 기드론 골짜기(Kidron Valley), 북쪽으로는 모리아 산이 있어 천연적인 요새를

다윗성 모형

갖춘 도시였다. 왕은 기드론 골짜기의 가장 높은 곳에 자리를 하고 있었다. 성경에는 다윗성을 오펠(Ophel) 요새라고 부르며 통일왕국 시대와 남유다가 형성되던 시기에도 수도의 자리를 지켰다. 히스기야(Hezekiah) 시대에는 성벽이 서쪽으로 확장되어, 예루살렘 구시가지(Old City)와 성전산 서쪽을 부도심으로 포함하게 되었다.

오펠(오펠 가든)
솔로몬이 하나님의 성전을 7년간 건설한 곳에 오펠은 자신의 궁전을 13년간에 걸쳐 건설했다.
그 궁전이 있었던 곳의 남쪽지역을 오펠 가든이라고 한다.

기혼 샘

예루살렘은 비가 오지 않는 건기가 8개월 이상 지속된다. 물이 귀한 이 도시에 1년 내내 물이 마르지 않는 용천샘이 있으니, 바로 기혼 샘이다. 기드론 골짜기에 있는 이 샘은 예루살렘의 중요한 물의 원천이다.

'기혼(Gihon)'은 히브리어로 '물이 분출한다'는 의미다. 다윗이 예루살렘을 포위하여 공격할 당시 그곳에는 여부스 족들이 살고 있었다. 성경에는 다윗이 여부스 족들이 기혼 샘 물을 끌어오기 위해 만든 지하 물길을

기혼 샘

통해 침투하여 성을 정복했다고 기록하고 있다. 다윗이 예루살렘을 정복한 후 약 300년 동안 예루살렘은 많은 변화가 일어났다. 솔로몬은 시온산 건너편 모리아산에 솔로몬 성전을 건축하며 예루살렘을 확장하였으며, 티로페이온 골짜기 건너편 산에도 정착하는 사람들이 늘어났다. 다윗 당시 약 2,000명 정도였던 인구는 기원전 700년경에는 약 25,000명으로 늘어났다. 이 기혼 샘은 다음에 순례할 히스기야 터널의 출발지로, 이 물은 히스기야 터널을 지나 실로암 샘으로 연결된다.

히스기야 터널

히스기야왕은 25세의 나이로 13대 왕에 즉위해 남유다를 29년간 통치했다. 그는 아버지인 아하스와 15년간 공동 통치를 끝내고, 단독 통치를 시작하던 기원전 715년에 강력한 종교개혁을 단행했다. 성전을 수리하고 유월절을 전국민이 지키도록 했다고 하는데, 그의 종교개혁은 성경에도 나와 있다.

"이 모든 일이 끝나매 거기에 있는 이스라엘 무리가 나가서 유다 여러

성읍에 이르러 주상들을 깨뜨리며 아세라 목상들을 찍으며 유다와 베냐민과 에브라임과 므낫세 온 땅에서 산당들과 제단들을 제거하여 없애고 이스라엘 모든 자손이 각각 자기들의 본성 기업으로 돌아갔더라"(대하 31:1).

통치 14년 후인 기원전 701년 아시리아의 왕 산헤립이 남유다의 중요 도시인 라기스를 공격하고 예루살렘으로 진격하게 된다. 이에 히스기야 왕은 다윗성의 방어와 기혼 샘의 물을 안정적으로 확보하기 위해 히스기야 터널 공사를 시작하였다. 이 터널은 성경에는 단 세 구절에만 간략하게 기록되어 있지만, 전시 상황에서 이루어진 공사라고 생각될 수 없을 만큼 고도의 정밀한 기술로 지어졌다.

지하 터널의 길이가 약 1,800피트에 달하며 기혼 샘과 실로암 샘 사이의 높낮이 차이가 불과 12인치 밖에 되지 않는다. 높낮이 차를 최소화한 것은 물소리가 외부로 나가지 않게 해 적이 수로를 발견할 수 없도록 하기 위함이었다. 게다가 이 터널은 한쪽에서 파고 들어간 것이 아니라 양쪽에서 파고 들어가 중간에서 만나 완성시켰다. 심지어 암벽층이나 바위의 균열을 막기 위해 일직선 터널이 아닌 구불구불하게 공사를 했으며, 그럼에도 양쪽이 만나는 지점의 오차가 47인치 정도밖에 나지 않는다고 전해진다. 지하수로의 건축 과정은 실로암 비문으로 남아 있다. 당시에 새긴 이 비문은 히스기야의 업적을 기리기 위한 것이 아니라 건축에 참여한 어느 석공의 기록이라는 게 더 흥미롭다. 비문의 내용은 공사 시작부터 양쪽에서 파들어간 터널이 뚫린 날의 분위기 등을 묘사하고 있으

히스기야 터널 내부

며 공사에 참여한 모두의 절박한 마음이 잘 드러나 있다. 이 위대한 유물은 1890년 그리스인이 도굴하여 골동품 상에 팔아 넘겼는데, 이후 터키로 넘어가 현재는 이스탄불 박물관에 있으며 이스라엘 박물관에는 사본을 전시하고 있다.

산헤립(신나케립)은 기원전 705년에 아시리아 왕좌를 계승한 왕이다.

실로암 못

예수님께서 소경인 사람을 고쳐주셨던 장소로 알려진 연못이다.

“이 말씀을 하시고 땅에 침을 뱉어 진흙을 이겨 그의 눈에 바르시고 이르시되 실로암 못에 가서 씻으라 하시니 이에 가서 씻고 밝은 눈으로 왔더라”(요9:6, 7).

기혼 샘에서부터 히스기야 터널을 흐른 물은 이곳 실로암 못까지 흐르게 된다.

시드기야 동굴

시드기야 동굴

다메섹 문 왼쪽으로 가면 낡은 간판이 있고 동굴이 보인다. 여기가 시드기야 동굴이다.

예루살렘 지하에 이런 동굴이 있으리라고 상상할 수 없을 정도로 큰데, 솔로몬왕이 성전을 건축할 때 석재를 채굴하면서 생긴 굴이라고 전해진다. 시드기야 동굴이라고도 부르는 것은 바벨론의 왕 느브갓네살이 예루살렘을 정복하고 성전을 파괴할 때, 마지막 유다의 왕인 시드기야가 이 동굴을 통해 여리고로 도망갔기 때문이다(렘52:7-8). 동굴 깊숙히 샘이 하나 있는데 시드기야왕이 도망갈 때 흘린 눈물이 샘이 되었다는 전설이 전해진다.

감람산

예루살렘에서 가장 높은 곳은 감람산이다. 감람은 올리브를 의미한다. 예루살렘성의 동쪽에 위치해 있으며 이곳 전망대에서는 황금돔과 엘 아크사 사원이 보인다.

감람산 입구 표지

예수님께서 다니셨던 곳 중에 감람산과 산 입구의 겟세마네 동산은 빼놓을 수 없다.

"예수께서 낮이면 성전에서 가르치시고 밤에는 나가 감람원이라 하는 산에서 쉬시니"(눅21:37)

"이에 그들이 찬미하고 감람산으로 나아 가니라"(마26:30)

"예수께서 나가사 습관을 따라 감람산에 가시매 제자들도 따라 갔더니"(눅22:39).

이와 같이 감람산에서는 예수님의 행적을 많이 찾아볼 수 있다. 감람산에는 겟세마네 동산의 만국 교회, 눈물 교회, 주기도문 교회, 유대인의 공동묘지 등이 있다. 이곳을 한걸음 한걸음 순례해 보기로 한다.

승천 교회

승천 교회는 감람산 정상에 위치하고 있다. 예수님께서 감람산에서 승천하셨다고 하지만, 정확하게 어느 장소에서 승천하셨는지는 알 수 없다. 바닥에 유리로 덮어 보호하는 바위가 있는데 예수님께서 승천하실 때 밟았던 것이라고 전해온다. 387년 귀족출신 '포이메니아'의 부인이 헌금하여 그 바위를 중심으로 둥근 형태의 작은 교회를 건립했는데, 하늘을 쳐다볼 수 있도록 지붕을 덮지 않았다고 한다. 이 교회는 페르시아 군대에 의해서 파괴되어 폐허가 되었으나 1152년 십자군에 의해 팔각형으로 재건했다. 하지만 아이유브 왕조의 살라딘에 의해 1198년 이슬람사원 '승천의 돔'으로 개조되었다. 살라딘은 구조물은 그대로 둔 채 빈 지붕 자리에 둥근 지붕을 씌웠으며, 아직까지 이슬람교도인 아랍인들이 장악하고 있다. 그러나 부활절로부터 40일 되는 날 하루는 기독교인이 예배를 볼 수 있도록 허락한다.

승천 교회

주기도문 교회

감람산에서 예수님은 제자들에게 주님의 기도문을 가르치셨고, 예루살렘의 멸망과 재림과 세상의 종말을 예고하셨던 동굴 위에는 주님의 기도문 기념교회의 흔적들이 남아 있다.

"그러므로 너희는 이렇게 기도하라 하늘에 계신 우리 아버지여 이름이 거룩히 여김을 받으시오며"(마6:9).

주기도문 기념교회는 콘스탄티누스 황제의 어머니 성녀 헬레나가 세웠다. 이 시대에 세운 이스라엘 3대 기념성전은 예수님의 무덤 위에 세운 '무덤 교회'와 베들레헴의 '예수님탄생 기념교회' 그리고 바로 겟세마네 동산의 '주기도문 기념교회'다.

326~333년에 걸쳐 지은 이 비잔틴 시대의 교회는 614년에 페르시아군에 의해 파괴되었고, 붕괴된 성당 위에 1106년 십자군 시대에 다시 건립되었다. 이때부터 순례자들에게 예수께서 제자들에게 주의 기도를 가르치신 곳이라고 소개되었고, 이 교회 안에는 히브리어, 희랍어 그리고 라틴어로 된 주의 기도문이 적힌 대리석 판이 장식되어 있다. 1868년에 프랑스 바씨의 아우렐리아 공주가 이곳 땅을 사서 프랑스에 기부하여, 1875년에 가르멜 수녀들을 위한 수녀원을 건립한 이래 지금까지 가르멜 수녀원에서 관리하고 있다.

주기도문 교회에서 순례자들의 눈길을 끄는 것은 수녀원 안의 '파테르의 회랑'에 걸린 각국의 언어로 된 주님의 기도문 판들이다. 현재 약

주기도문 교회

파테르의 회랑

145개국의 언어로 쓰여 있다. 한국어 주기도문은 개신교와 가톨릭에서 기증한 두 가지가 함께 있다.

눈물 교회

눈물 교회 팻말

감람산에서 겟세마네로 내려오는 중간에 눈물 교회가 있다. 눈물 교회는 라틴어로 'Dominus Flevit' 즉 '주께서 눈물을 흘리셨다'라는 의미이다. 예수님께서는 두 번 눈물을 흘리신다. 한번은 나사로가 죽었다는 소식을 들으셨을 때다. 다른 한번은 예루살렘의 멸망을 예언하시고 슬퍼하실 때였는데, 눈물 교회는 바로 그 장소에 눈물방울 형태로 세워졌다. 5(6?)세기경 비잔틴 양식의 소성당이 있던 자리에 1881년 프란체스코 수도원이 세워졌다가, 1955년에 이탈리아의 유명건축가인 안토니오 발루치가 다시 재건하였다. 이 교회 중앙에서는 예루살렘 전체를 한눈에 바라볼 수가 있다. 교회 내부로 들어가면 예루살렘 성을 향해 쇠로 만들어진 돔 형태의 단정하고 아름다운 창문이 나 있다. 창문 밖으로 성전산 황금 사원과 그 뒤편의 돔 형태의 성묘 교회가 아주 잘 보인다. 교회를 지을 때 성서의 의미를 최대한 살리기 위해 의도적으로 설계하였다고 한다.

눈물 교회

겟세마네 동산과 만국 교회

만국 교회는 예수님께서 로마 병사들에게 잡히시기 전날 밤, 마가의 다락방에서 최후의 만찬을 하시고 이곳 감람산의 겟세마네 동산에 있는 바위에서 간절히 기도하셨던 자리에 세운 교회다.

"예수께서 힘쓰고 애써 더욱 간절히 기도하시니 땀이 땅에 떨어지는 핏방울 같이 되더라"(눅22:44).

만국 교회

겟세마네에서 기도하시는 예수님

겟세마네 동산에는 4세기 비잔틴 시대에 기념교회가 세워졌지만 614년 페르시아에 의해 무너졌다. 이후 십자군 시대에 다시 세웠다가 다시 파괴된 것을 1924년 12개국이 공동으로 헌금을 모아 지금의 교회를 세웠다. 여러 나라가 함께 동참하여 세운 교회이기에 만국 교회라 이름지었다. 교회 외부에는 예수님께서 겟세마네에서 기도하는 성화가 있고 4복음서를 의미하는 4개의 큰 기둥이 있다.

내부의 중앙제대에 있는 바위가 예수님이 기도하셨다는 바로 그 바위다. 그 뒤에는 성서에 묘사된 대로 예수님과 가롯 유다, 베드로가 있는 모자이크 성화가 있다. 교회 정원에는 수령이 천년도 더 된 감람나무가서 있다. 혹자는 예수님 시대의 것으로 2000년이 넘었다고 주장하지만, 과학적으로 1000년 정도 된 나무라고 증명되었다. 나무의 수령은 이견이 있을 수 있지만 예수님의 말씀은 진리이고 사실이다. 우리는 성지순례를 통해 말씀의 현장을 체험하고 기도하는 시간을 갖고 나의 믿음을 다시 한 번 강건하게 하자.

시온산

시온산(Mt. Zion)은 예루살렘 성전의 시온 문밖에 위치한 산이다. 이곳은 제2성전 시대의 예루살렘 위쪽의 도시 남단에 해당하는 지역으로 구약성서에 자주 언급되는 지명이다. 유대인에게도 예루살렘이나 성지를 일컫는 단어이기도 하다. 시온산에는 다윗왕의 무덤, 최후의 만찬 장소, 마가의 다락방, 베드로 통곡 교회 등의 유적이 있다.

시온산

다윗왕의 무덤(가묘)

시온산에서 가장 중심이 되는 성지는 바로 다윗왕의 무덤과 마가의 다락방이다. 기록에는 다윗은 자신의 도시에 묻혔다고 돼 있다. 다윗의 도시는 성전산이니 이곳 시온산의 다윗 무덤은 이해가 안 될 수 있다. 이에 대한 고고학자들의 해석은 시온산 무덤은 다윗의 가묘라고 판단하고 있다. 이곳에는 예수님이 제자들의 발을 씻겼던 것을 기념하는 유대회당도 있다. 회당 출입문은 남녀가 따로 구분돼 있으며, 남자는 키파나 모자를 쓰고 여자는 스카프를 써야 입장할 수 있다.

눈물 교회 팻말

안으로 들어가면 다윗왕의 무덤은 정면에 청색포로 덮어 놓았다. 홀로코스트, 즉 유대인 대학살에서도 지켜진 토라 두루마리가 은색관 안에 보관되어 있다. 이 회당 안에는 정통 유대복장을 한 유대인들이 몸을 앞뒤로 흔들며 기도하는 모습도 볼 수 있다.

마가의 다락방

레오나르도 다빈치의 명화 '최후의 만찬'에서 보면 예수님이 긴 식탁에 제자들과 함께 앉아 마지막으로 식사하는 모습이 담겨 있다. 그림의 장소는 마가의 다락방이다. 시온산 문으로 나와 좁은 골목을 지나면 2층 석조건물이 나오는데, 그 건물 2층의 큰 방이 마가의 다락방이다. 우리가 아는 다락방과는 확연히 다른, 고딕 건축양식으로 지어진 큰 방이다. 벽쪽에 8개의 기둥과 방 중앙에 3개의 기둥이 고딕양식의 천정을 받치고 있다. 현재의 건물은 12세기 십자군이 성지를 탈환했을 때, 다락방이 있었던 자리라고 전해지는 곳에 세운 것이라 한다. 이곳의 주인이 여러 번 바뀌었던 역사를 감안하면 예수님 당시의 다락방의 원형은 아니다.

예수님은 잡히시기 전날 밤, 제자들과 함께 만찬을 하신 후 제자들의 발을 몸소 씻겨 주셨다.

"저녁잡수시던 자리에서 일어나 겉옷을 벗고 수건을 가져다가 허리에 두르시고 이에 대야에 물을 떠서 제자들의 발을 씻으시고 그 두르신 수건으로 닦기를 시작하여"(요13:4-5).

예수님의 최후의 만찬은 기독교의 가장 중요한 의식인 성찬식으로 이어져, 오늘날에도 기독교 복음이 전해지는 모든 곳에서 행해지고 있다. 이곳은 예수님이 승천하신 후 가룟 유다 대신 맛디아를 제자로 선출한 장소이기도 하며, 오순절 성령강림을 체험한 장소로도 기록되어 있다. 현재 남아 있는 수도원과 기념교회는 1335년 프란체스코 수도회가 건축한 것이다.

베드로 통곡 교회

시온산 자락에 베드로가 예수님을 세 번 부인하고 통곡하였던 것을 기념하는 교회가 있다. 기원후 457년, 당시 예수님을 고소했던 대제사장 가야바의 집터에 세워졌고, 1931년 프랑스 수도회에 의해 재건되었으며 교회 지붕에는 수탉 모형이 상징으로 세워져 있다. 바로 베드로 통곡 교회다.

교회를 들어가기 전에 전망대에서 보면 동쪽 중앙 계곡, 다윗 도시, 성전산, 기드론 계곡 그리고 감람산의 풍경을 모두 감상할 수 있다. 교회 건물 북쪽으로는 아래 도시로 내려가는 로마 시대의 돌계단이 있다. 이 계단은 예수님께서 본디오 빌라도의 법정으로 끌려가실 때 이용하셨다고 추론되는 거룩한 계단이다. 베드로 통곡 교회의 입구에는 "네가 세 번 나를 부인하리라"는 예수님의 말씀에 절대 부인하지 않겠다고 다짐하는 베드로의 모습이 청동으로 제작되어 있다. 이 작품은 당시 기독교, 이슬람교, 유대교인이 다 같이 참여해 제작한 것이라고 한다.

교회 안으로 들어가다 보면 예수님께서 결박당하시는 모습의 모자이크가 있고, 교회 지하 2층에는 로마 시대에 감옥으로 사용되었던 장소가 있다. 예수님께서 이곳에서 결박당하시고 고문받으신 장소라고 한다.

베드로 통곡 교회

베드로 통곡 교회 수탉 상징

세례 요한 탄생 교회

예루살렘에서 동쪽으로 10분 정도 자동차로 이동하면 '세례 요한의 탄생 교회'가 있다. 교회 마당에 들어서면 왼쪽에 '사가랴의 예언'이 각 나라말로 전시되어 있다. 한글도 한자리를 차지하고 있다. 이곳 최초의 교회는 비잔틴 시대에 세워졌다. 그러나 이슬람 시대에 파괴되었다가 1885년 프란체스코 수도회에서 보수했다.

교회 내부에서 왼쪽에 있는 계단을 내려가면 세례 요한이 탄생했다는 자연동굴같은 곳이 있다. 입구에는 '여기에 주님의 선구자가 나셨다'라는 문구가 라틴어로 새겨져 있다. 세례 요한은 유대 광야에서 낙타 가죽옷을 입고 메뚜기와 석청을 먹으며 전도 활동을 했다. 그리고 우리가 잘 아는 대로 요단강에서 예수님에게 세례를 행한 분이다. 예수님께서는 여자에게서 태어난 이들 가운데 요한보다 더 큰 인물은 없다라고 말씀하셨다. 세례 요한은 후에 헤로디아에게 참수당하는 선지자의 삶을 살았다.

"내가 너희이게 말하노니 여자가 낳은 자중에 요한보다 큰자가 없도다 그러나 하나님의 나라에서는 극히 작은 자라도 그보다 크니라하시니"(눅7:28).

마리아 방문 교회

세례 요한 탄생 교회에서 약 10분 정도 걸어가면 입구에 높은 첨탑이 있는 매우 인상적인 교회가 있다. 바로 마리아 방문 교회다. 마리아가 그녀의 사촌인 엘리자벳의 잉태 소식을 듣고 나사렛에 방문했다는 신약

성경의 기록을 바탕으로 지어진 교회다.

교회 내부에는 세 장면을 그린 프레스코화가 있다. 성전에 분향하는 시가랴, 엘리자벳과 마리아가 만나는 장면, 그리고 헤롯왕의 명령으로 베들레헴의 2살 미만의 어린아이를 죽이는 장면 등을 묘사한 그림이다. 프레스코화 아래에는 세례 요한이 생명의 위협을 받았을 때 바위가 갈라져 화를 면하게 했다는 약 한 팔 길이의 동그란 바위가 놓여져 있다.

박물관

예루살렘에는 의미가 깊은 두 군데의 박물관이 있다. 하나는 이스라엘 박물관이고 다른 하나는 야드 바셈이다. 이를 둘러보는 것도 순례의 의미를 더 깊게 할 것이다.

이스라엘 박물관

이스라엘 박물관은 이 책에서도 이미 여러 번 언급한 바 있다. 고대 성경 시대부터 예수님 시대, 근대의 유물과 예술작품까지 약 50만점의 유물이 7개의 구역으로 나뉘어 전시되고 있다. 특히 우리가 관심을 가질만 한 곳이 꽤 많다. 그중 하나는 기원전 3세기부터 기원후 1세기까지 쓰여진 사해 사본 두루마리가 전시되어 있는 '책의 전당'이다. 또 야외에 전시된 제2성전 시대의 예루살렘의 모형도로 기원후 70년 로마가 예루살렘을 파괴하기 전의 모습을 50분의 1의 크기로 재현했다. 그리고 고고학관인데, 고대 이스라엘 시대는 물론 이집트와 이슬람 유물까지 시대 별로 전시돼 있다. 특히 2000년 전의 것으로 추정되는 못 박힌 복숭아 뼈가 전시되어 있다.

야드 바셈

이곳은 근대사에서 가장 참혹했던 이스라엘 민족의 슬픔이 담긴 장소다. 2차 대전 당시 600만 명 이상이 학살된 유대인들을 기억하는 추모관으로 '홀로코스트 박물관', '유대인 학살 추모공원'으로 불리기도 한다. 추모관은 여러 개의 전시관으로 이뤄졌다. 그중에서 1930년대부터 히틀러를 중심으로 한 독일 나치당의 배경과 반 유대주의 확산에 따른 게토와 수용소가 증가되는 과정 등이 사진과 영상으로 기록되어 있으며, 생존자들의 증언과 수용소에서 행해진 나치의 만행들이 기록되어 있는 전시관이 유명하다. 또 150만 명의 어린이가 희생된 사건을 추모하는 어린이관도 있다. 이곳을 방문하는 모든 사람은 당시의 참상을 보며 반성과 사과, 그리고 용서를 하는 장소로 기억한다.

05

중앙산지

아라드

아라드는 이스라엘 남부지역의 주요 요충지로 사해 서쪽 15마일 지점에 있다. 이 지역의 오른쪽에는 항상 메말라 있다가 비가 오면 골짜기로 물이 흐르는 전형적인 '와디(wadi, 乾谷)'가 형성되어 있다. 이곳은 약 4000년 전부터 도시국가가 형성되었으며, 이 시기에는 이스라엘 남부지역의 최대 도시였다고 한다. 성경에는 가나안으로 향하던 이스라엘 백성이 아라드로 간다는 소식에 아랏의 왕이 아다림 길에서 이들을 공격하였다는 내용이 있다.

텔아라드

"네게브에 거주하는 가나안 사람 곧 아랏의 왕이 이스라엘이 아다림 길로 온다함을 듣고 이스라엘을 쳐서 그 중 몇 사람을 사로잡은지라"(민 21:1).

고대 유적이 있는 아라드 언덕으로 가면 사해와 유대 산지 그리고 네게브 광야가 보인다. 이곳에는 이스라엘에 유일하게 남아 있는 유적으로 중앙성소 지역에 지성소라고 보여지는 장소가 있다. 사각형의 방 입구로 들어가면 조그만 제단이 있고 두 개의 잘 다듬어진 돌이 있다. 이 돌 중 하나는 여호와 하나님께 바치는 것이며, 다른 하나는 페니키아 수리아의 여신인 아세라에게 바치는 것이다.

헤브론

헤브론은 구약성경에서 가장 많이 언급되는 인물인 아브라함의 무덤이 있는 도시다. 예루살렘 남쪽 약 19마일 지점, 유대 산지에 해발 3,000피트에 있다. 중앙 산악지대인 이곳은 지중해의 습한 공기가 유입되어 물이 풍족해 유실수 농사가 잘 되는 곳이다. 그래서 여호수아와 갈렙이 헤브론 근처의 '에스골' 골짜기에서 포도송이를 매고 돌아간 것이다(민 13:23-24).

"이스라엘이 그에게 이르되 가서 네 형들과 양떼가 다 잘있는지 보고 돌아와 내게 말하라고 하고 그를 헤브론 골짜기로 보내니 그가 세겜으로 가니라"(창37:14).

막벨라 굴

헤브론에 있는 유대인 정착촌을 지나면 막벨라 굴에 이르게 된다. 아브라함의 아내 사라의 장례지기도 하다. 이름은 막벨라 굴이지만 막상 도착해서 보면 큰 요새같은 건물이 보인다.

헤롯왕이 기원전 1세기경 유대인들의 환심을 사기 위해 굴 위에 커다란 석조 건물을 건축했는데, 2000년이 지난 지금에도 그 원형을 보존하고 있다. 건물 지하는 원래의 막벨라 굴이다. 13세기까지는 이곳을 들어가 볼 수 있었다고 하는데, 그 후 지금까지 아무나 접근할 수 없으며 그 위에 만들어진 가묘들만 볼 수 있다. 그러나 아브라함과 사라, 이삭과 리브가, 야곱과 레아가 묻혀 있는 현장이므로 성경의 땅이라는 것을 실감하는 장소다.

막벨라 굴은 현재 유대인 구역과 아랍인 구역으로 나뉘어져 있다. 유대인 구역에서는 아브라함과 사라, 야곱과 레아의 무덤 절반을 볼 수 있으며, 아랍인 구역으로 가면 그 무덤들의 나머지 절반과 이삭과 리브가

막벨라 굴

의 무덤을 볼 수 있다. 무덤의 구역이 반으로 나뉜 것은 두 민족의 조상 때문이다. 아브라함은 유대인과 아랍인의 공동 조상이다. 그는 메소포타미아 출신으로 시리아에 아랍인 친족이 있었다. 또 그의 아내 사라가 낳은 이삭은 유대인의 조상이 되었고, 이집트 출신 하갈이 낳은 이스마엘은 아랍인의 조상이 되었다. 또 유대인의 조상인 이삭의 아내 리브가는 아랍인이었다. 헤브론은 팔레스타인 자치구 안에 자리하고 있지만, 정통 유대교인들이 함께 거주하고 있어 마찰이 심한 곳이다.

베들레헴

예수님이 태어나신 베들레헴, 크리스마스가 되면 특히 주목받는 도시다. 베들레헴은 '빵굽는 집'이라는 뜻으로 아주 평화로운 마을이었다. 거룩한 예수님은 이 마을의 마굿간으로 사용하던 동굴에서 태어나시게 된다.

예수탄생 기념교회

예수탄생 교회는 예수님이 태어나신 동굴 위에 세워졌다. 로마에 의해 기독교가 박해받던 시절에는 아도니스 신전이 세워진 장소이기도 하다. 하지만 기독교를 공인한 콘스탄티누스 대제의 어머니인 헬레나 황후가 이곳에 교회설립을 추진하여 4세기경 최초의 비잔틴 교회가 세워졌다. 6세기경 로마의 유스티누스 황제가 증축하였으며, 현존하는 가장 오래된 교회건물로 알려져 있다.

교회 입구에는 고개를 숙여야만 들어갈 수 있는 작은 '겸손의 문'이 있고, 이곳을 통과하면 헬레나 황후의 명에 의해 색색의 돌을 하나하나

바닥에 박아 만든 비잔틴 시대의 돌 모자이크가 있다. 교회 오른쪽을 보면 많은 사람들이 예수님께서 태어나신 동굴로 들어가기 위해 줄을 서 있다. 이 동굴 입구에서 몇 개의 계단을 내려가면 은별로 장식한 예수님께서 탄생하신 장소가 나온다. 별의 가운데 구멍이 있는 곳이 예수님께서 나신 자리다. 별 장식에는 '이 곳에서 그리스도가 탄생하셨다'라는 문구가 라틴어로 새겨져 있으며, 그 주위에 아기예수께서 말 구유에 놓였던 장소, 동방박사들이 예수님을 경배하던 장소들을 볼 수 있다. 이 교회는 그리스 정교회와 아르메니아 정교회가 공동 소유하고 있다.

탄생 교회 옆 건물에는 로마 가톨릭에서 관리하는 성 카탈리나 기념교회가 있다. 이곳도 예수님의 탄생을 기념하는 교회다. 이곳에서 매년 12월 25일이면 성탄 기념예배를 집전하는데, 예배 장면이 전 세계로 생방송되는 바로 그 현장이다.

예수님 탄생 교회

예수님 탄생동굴 내 은별

유스티누스

Flavius Iustinus(450년경~527년, 8월 1일). 로마 제국의 황제로 518년부터 527년까지 통치했다. 군대의 낮은 계급에서 시작하여 황제가 되었다. 매우 고령의 나이에 제위에 올랐음에도 제국을 건실하게 통치했으며, 유스티니아누스 1세에게 다음 제위를 물려주었다.

목자들의 들판 교회

베들레헴 근처 벧사훌이라는 동네에는 목자들의 들판 교회가 있다. 성경 속 인물인 룻은 이 동네 들판에서 밀 이삭을 줍다가 보아스를 만나 결혼했고, 목자들에게 천사가 나타나 예수님의 탄생 소식을 전한 곳이기도 하다.

"천사가 이르되 무서워하지 말라 보라 내가 온 백성에게 미칠 큰 기쁨의 좋은 소식을 너희에게 전하노라 오늘 다윗의 동네에 너희를 위하여 구주가 나셨으니 곧 그리스도 주시니라"(눅2:10-11).

목자들의 들판 교회는 이 목동들이 살던 곳이라고 여겨지는 동굴 위에 4~6세기경 비잔틴 수도원으로 처음 세워졌다. 이후 페르시아의 침공으로 파괴되었다가 7세기에 재건되었고, 10세기에 이집트에 의해 파괴된 건물을 16세기에 다시 재건하였다. 현존하는 건물은 1954년 작은 형제회에서 캐나다의 지원을 받아 새롭게 건축한 기념교회이다.

교회 내부에는 아기예수의 탄생을 목동들에게 알리는 천사의 모습, 별의 인도로 아기예수님께 경배하러가는 모습, 마구간에서 아기예수님께 경배하는 모습들이 거대한 성화로 그려져 있다.

목자들의 들판 교회

목자들의 들판 교회 내부 성화

기브온

여호수아 시대에 이스라엘과 대치하던 기브온 사람들은 막강한 군사력을 가지고 있었다. 하지만 여호와께서 이스라엘과 함께 싸우고 계신 것을 알고 있었던 터라 자신들의 이기지 못할 것을 짐작하고 있었다. 이에 그들은 먼 나라에서 온 것처럼 위장하여 여호수아를 속이고 이스라엘과 조약을 맺었으나 3일 후 이 사실이 탄로나 여호수아가 대노하자, 그들은 하나님과 함께하는 이스라엘이 두려워서 거짓말을 했다고 말했다. 여호수아는 그들을 여호와의 제단을 위해 나무를 베며 물을 긷는 자들로 삼기로 하고 그들과 화해하였다. 기브온에는 기원전 12세기부터 형성된 성벽과 물 저장소가 있다. 이스라엘 통일왕국 시대에는 솔로몬이 일천번제를 드렸던 장소이기도 하다.

"이에 왕이 제사하러 기브온으로 가니 거기는 산당이 큼이라 솔로몬이 그 제단에 일천 번제를 드렸더니"(열상3:4).

솔로몬은 한 나라의 왕으로서 백성들을 다스리는 지혜를 하나님께 간구하였다. 이런 솔로몬에게 하나님은 선악을 분별하는 지혜와 나머지 모든 것을 주신다는 음성을 들려주셨다. 하지만 솔로몬왕은 나중에 백성을 다스리는데 실패하게 된다. 무거운 세금정책과 부역으로 이스라엘이 북 이스라엘과 남 유다로 나누어지는 상황을 만들게 되었다. 오늘날 기브온의 지명은 '알지브(Al Jib)'이다.

기브아

'언덕'이라는 의미의 기브아는 베냐민 지파의 성읍 중 하나로, 예루살렘에서 북쪽으로 3마일 정도 떨어져 있는 곳이다. 예루살렘에서 북쪽으로 가다보면 '피스갓 제브'라는 동네가 보인다. 이 동네 한가운데 높이 솟은 기브아는 이름과 같이 높은 위치에 자리 잡고 있어 이스라엘 역사에 중요한 군사적 요충지였다. 성경에서는 기브아의 불량배들이 레위 사람의 첩을 욕보인 사건으로 베냐민 지파와 다른 모든 지파 간의 전쟁이 벌어져 기브아가 파괴되었다는 기록이 나온다. 훗날 이곳 출신인 사울이 이스라엘의 왕이 되면서 기브아는 정치적 중심 도시가 된다.

벧엘

지금의 벧엘

벧엘은 '하나님의 집'이라는 뜻이다. 야곱은 형 에서를 속여 장자권을 얻은 후에 에서를 피해 도망가다 이곳에서 밤을 보내게 된다. 그날 밤 돌을 베고 자다가 하나님을 만나게 되고, 아침에 일어나 그 돌베개로 기둥을 세우고 그 위에 기름을 부어 '벧엘'이라고 했다(창 28:18-22).

이스라엘이 남과 북으로 나뉜 후 여보로암이 북이스라엘의 초대 왕이 되었다. 그는 '벧엘'에 금송아지 상을 만들어 세운 후, 백성들의 예루살렘에서 예배를 금지하고 이곳 금송아지에게 예배하라는 명령을 내렸다. 이런 연유로 성경에서 벧엘은 불순종의 상징이 되었으며, '죄악의 집'이라는 의미인 '벧아웬'이라고 불리었다.

실로

실로는 하나님의 회막과 법궤가 있던 장소다. 세겜과 예루살렘을 남북으로 연결하는 중앙 산악지대에 위치하고 있으며, 12지파 중 에브라임 지파에 속한 곳이다. 하나님의 법궤가 있는 만큼 한때 번성한 곳이었지만, 블레셋과의 에벤에셀 전투에서 엘리 제사장이 죽고 법궤마저 빼앗기도 말았다. 이 전쟁의 패배로 실로는 점점 쇠퇴하게 된다. 이곳의 유적지에서는 비잔틴 시대의 교회에 있는 바닥 모자이크를 볼 수 있으며, 성경에는 실로에서 12지파 중 7지파에게 땅을 분배하는 역사적 사건이 언급되어 있다.

실로 언덕 뒤로 직사각형 모양의 터가 있는데 이곳이 회막이 있던 장소로 추측하고 있다.

세겜

세겜은 아브라함이 가나안에 들어 왔을 때 하나님께서 이 땅을 아브라함의 자손에게 주겠다고 약속한 곳으로 히브리인들에게는 매우 중요한 장소다. 아브라함은 이곳에 처음 단을 쌓아 하나님께 제사를 드렸다.

"아브람이 그땅을 지나 세겜 땅 모레 상수리나무에 이르니 그 때에 가나안 사람이 그 땅에 거주하였다라"(창12:6).

이후 예수님께서 이곳에서 사마리아의 여인에게 예배의 의미를 알려주시기도 했다.

세겜 주위에는 텔 발라타를 중심으로 그리심산과 에발산이 있으며, 많은 순례객들은 그리심산 정상에서 세겜을 바라보는 시간을 갖기도 한다. 그러나 현재는 아랍의 팔레스타인 자치구역이니 방문 가능 여부를 사전에 꼭 확인해야 한다.

그리심산

모세가 '축복의 산'이라고 불렀던 그리심산에는 자신들의 오랜 종교적 전통을 지키며 살아가는 사마리아 사람 600명이 살고 있는 마을이 있다. 이들은 지금도 구약 시대 전통적인 방식으로 양을 잡아 의식을 치르는 유월절 행사를 이어오고 있다.

구약성경에는 모세가 이 산에 12지파 중 시므온, 레위, 유다, 잇사갈, 요셉, 베냐민지파를 세우고 축복을 선언하였다는 말씀이 나온다.

"너희가 요단을 건넌 후에 시므온과 레위와 유다와 잇사갈과 요셉과 베냐민 백성을 축복하기 위해 그리심산에 서고"(신27:12)

이 시기는 여호수아가 가나안 정복전쟁을 마친 때로 바벨론에서 포로생활을 끝내고 귀향한 유대인들이 파괴된 예루살렘성을 재건했다. 그러나 이때 사마리아 인들을 배제하면서 많은 사마리아인들이 상심하여 이곳 정상에 빨간 둥근 지붕의 '사마리아 성전'을 건축했다.

야곱의 우물 기념교회

'야곱의 우물'은 성경에 나오는 지역 중에서 그 위치가 정확히 밝혀진 곳 중의 하나다. 이곳은 예수님께서 사마리아의 여인과 대화를 나눈 장소로 공인되면서 기독교 침례장소로 사용되기도 했다.

비잔틴 시대에는 우물이 있었던 장소에 교회가 세워졌으나 다 소실되었고, 현재의 교회는 2005년 그리스 정교회가 다시 세운 교회이다. 교회 안 재단 아래로 내려가면 오래된 우물이 있다. 예수님께서 수가성에서 목이 마르셔 사마리아의 여인에게 물을 달라고 하셨던 바로 그 장소다. 유대인들은 당시 사마리아인들을 멸시하며 상대하지 않았으나 예수님께서는 사마리아 여인에게 물을 청하시며, "내가 주는 물을 마시는 자는 영원히 목마르지 아니하리니 내가 주는 물은 그 속에서 영생토록 솟아나는 샘물이 되리라(요4:14)"라고 말씀하셨다. 이 우물은 지금도 물이 있으며 이곳을 관리하는 수도사님께 청하면 두레박으로 물을 길어 주신다.

야곱의 우물 기념교회

야곱의 우물

사마리아

사마리아는 세겜과 디르사 다음의 북이스라엘의 옛 수도다. 당시 이스라엘의 왕 오므리는 세멜에게 두 달란트를 주고 사마리아 산을 구입했다. 그 산 위에 성읍을 건설하였고, 도시의 이름을 산의 주인인 세멜의 이름을 따서 '사마리아'라고 지었다. 사마리아는 오므리왕, 아합왕, 아하시야가 3대에 걸쳐 구축하였으며, 남유다 왕국의 예루살렘만큼 번성하였던 도시였다.

하지만 아시리아의 왕인 살만에셀의 침공을 막지 못하고 기원전 721년에 이스라엘 왕국과 함께 파괴되었다. 이때 아시리아의 왕은 바벨론과 구다 등에 있던 다른 민족들을 사마리아에 거주하게 했다. 이에 여러 민족이 섞이며 혼혈도 생겨나 유대인들은 이곳 사람들을 유대인으로 인정하지 않고 멸시하게 되었다. 기원전 332년에는 헬라제국의 도시가 형성되기도 했으며, 기원전 30년경 로마의 분봉왕 헤롯은 이 지역에 성을 건설하여 도시를 만들고 도시 이름을 '세바스티아'로 불렀다. 현재 이곳에는 북이스라엘 왕국 야합왕 시대의 상아궁전 터, 로마식 포럼, 그리고 헤롯왕 시대에 시작하여 로마황제 세베루스 시대까지 재건한 약 2.5마일의 성벽이 남아 있다. 또한 세례 요한의 무덤이 있다고 전해지는 장소에 '세례요한의 기념교회'의 터가 남아 있다.

사마리아의 로마식 포럼

벧구브린

벧구브린은 이스라엘에서 여러 문화를 한 번에 볼 수 있는 특별한 곳이다. 이스라엘 중앙산악지대의 교통 중심지에서 비롯된 지역적 특성으로 로마, 비잔틴 문화, 헬라 시대 문화와 유적이 다양하게 남아 있다. 예루살렘과 헤브론을 연결하는 요지의 오래된 도시로 여러 문화와 유적이 남겨진 것으로 추정한다. 대표적으로 로마의 원형경기장, 헬라 시대의 무덤과 주거지 유적이 있으며, 비잔틴 시대의 상업지역으로 보이는 비둘기 사육장, 올리브기름 짜는 곳 등의 다양한 문화유산이 이곳에 있다.

이곳에서 남쪽으로 1마일가량 떨어진 마레샤는 유다지파가 거주한 31개 성읍 중의 하나로 처음 성경에 언급된다. 남유다의 초대 왕인 르호보암이 바벨론의 침입에 대항하여 요새화 한 도시들 중의 하나이기도 하다. 기원전 9세기 초에는 에티오피아(구스) 사람 세라가 유다를 공격하여 마레샤에서 전투가 벌어졌고, 아사왕이 전투에 참가했다는 기록도 있다(대하14:8-11).

벧구브린의 시도니아 동굴

제1성전이 파괴된 이후 페르시아 시대에는 마레샤와 남부 유다 전 지역에 에돔 족속이 정착하였다. 기원전 4세기에 시돈 사람들과 그리스 사람들이 마레샤에 이주해 헬라 문화가 전파되기도 했다. 당시 고립된 이집트인들과 소수의 유대인들이 함께 살면서 다양한 민족에 의한 독특한 사회구조를 형성하는 이스라엘 지역의 경제 중심지이기도 했다. 한편 역사적 자료와 발굴을 통해 기원전 113~112년에는 요한 히르카누스 1세가 마레샤를 점령하여 도시 주민들을 개종시키고 그 주변을 유대화한 것도 밝혀졌다. 이때에 인근 도시는 모두 황량한 폐허였지만 마레샤는 다시 사람들이 살 수 있는 곳으로 회복되었다고 한다. 하지만 기원전 40년 결국 페르시아 군대에 의해 다시 파괴되었다고 로마의 역사가 요세푸스가 기록하고 있다. 이곳에는 종 동굴을 비롯하여 비둘기 동굴, 여러 무덤 터와 목욕동굴, 올리브기름을 짜던 틀 등 여러 유적이 남아 있다.

라기스

예루살렘에서 남쪽으로 28마일 정도에 있는 라기스 골짜기는 중앙산악지대에서 지중해로 내려오는 5개의 큰 골짜기 중 가장 남쪽에 위치하고 있다. 예루살렘과 헤브론을 방어하는 전략적 요충지였으며, 해안 평야와 유대 산지로 가는 교통의 중심지이기도 하다. 그래서 라기스는 항상 고대 제국들의 정복 대상이었다. 라기스는 성경은 물론 고대 문서에 자주 등장했다. 성경 이외에 라기스가 제일 먼저 언급되는 고대 문서는 기원전 1400년경의 아마르나 서신(Amarna Letters)이다. 아마르나 서신은 382개의 토판으로 이루어져 있으며, 군대 간의 통신을 담고 있는데 바벨론, 앗수르, 미타니, 히타이트, 시리아, 가나안 등과 애굽의 관계를 잘 보여준다. 기원전 14세기 중반 애굽의 왕 아케나텐(Akhenaten)이 애굽을 통치할 때 하비루(Habiru)를 언급하는데, 하비루는 낱말과 지역적 유사성 때문에 히브리인들(즉 출애굽한 이스라엘)을 가리키는 것으로 해석한다. 물론 이 학설에 반박하는 학자들도 있다. 아마르나 서신에서 라기스가 하비루에게 음식과 기름을 공급해 도와주었다고 비난하는 내용이 있기도 하다.

성경에는 출애굽한 여호수아에 대항하기 위해 예루살렘을 중심으로 한 연합군, 즉 예루살렘의 왕 아도니세덱, 헤브론의 왕 호함, 야르뭇의 왕 비람, 라기스의 왕 야비아, 에글론의 왕 드빌이 연합하였지만 여호수아에게 패배하게 된다고 나와 있다. 후에 여호수아는 라기스를 유다 지파에게 할당했다.

이상하게도 다윗이나 솔로몬 시대에는 라기스에 대한 언급이 없다. 여호수아 시대 이후 솔로몬의 아들로 남유다 초대 왕인 르호보암 시대로 넘어가서야 기록이 나타난다. 르호보암은 유다 땅과 베냐민 땅에 있는 성읍들을 요새화했는데, 그중 하나가 바로 라기스였다. 이후 유다의 왕 아마샤는 예루살렘에서 반역이 일어나자 라기스로 피했다가 그곳에서 살해당했다. 그리고 유다의 왕 히스기야 때, 즉 기원전 701년 앗수르의 산헤립은 유다로 남하해 유다의 48개 성읍을 파괴했는데, 거기에 라기스도 포함되어 있었다. 산헤립과 앗수르 군대는 예루살렘을 포위하고 히스기야를 위협했다. 히스기야가 간절히 기도하자 하나님은 이사야를 통해서 구원을 약속하셨으며, 그날 밤에 천사를 보내 앗수르 군사를 물리치셨다. 이로써 예루살렘은 앗수르의 공격에서 구원을 얻었다고 한다. 이 역사적 사실은 앗수르의 니느웨에 있는 왕궁 벽에 부조로 새겨졌다. 이 부조물의 원본은 대영박물관에, 사본은 이스라엘 박물관에 보관되어 있다.

산헤립 승전기념비

아마르나 서신

06

요단강과 사해

요단강 세례 터

요단강은 강폭 6미터를 사이에 두고 이스라엘 쪽과 요르단 쪽으로 국경이 나누어진다. 이 요단강의 세례 터는 예수님께서 요한에게 세례를 받은 거룩한 곳이다. 성서 시대에는 요단강은 건너기 힘든 넓은 강이었다. 이스라엘 민족이 모압 평야에서 법궤를 매고 가나안으로 갈 때 이 강을 건너면서 매우 두려워했다고 성경에 기록되어 있다. 다윗도 아들 압살롬을 피해서 도피할 때 배를 타고 요단강을 건넜다. 하지만 지금은 댐

요단강 세례 터

이 들어서 세례 터가 있는 지역은 강폭이 아주 좁게 변했고 수심도 가장 낮은 곳이 되었다.

구약에서 요단강은 이스라엘 백성이 가나안 땅으로 가는 가장 마지막 관문이었으며, 신약에는 예수님께서 세례 요한에게 세례를 받은 곳이라고 되어 있다. 강물은 육안으로 보면 깨끗하지 않다. 그래도 많은 순례객들은 침례의식을 치르는 것을 볼 수 있다. "그때에 예수께서 갈릴리 나사렛으로 부터와서 요단강에서 요한에게 세례를 받으시고 곧 물에서 올라오실새 하늘이 갈라짐과 성령이 비둘기같이 자기에게 내려오심을 보시더니 하늘로부터 소리가 나기를 너는 내 사랑하는 아들이라 내가 너를 기뻐하노라 하시니라"(막1:9-11).

법궤

법궤는 하나님의 임재 상징이다. 법궤가 있는 곳은 여호와께서 앉아 계시던 보좌였으며 그곳에서 그의 백성들을 다스리시고 가르치셨다. 또한 여호와의 이스라엘 백성의 교제의 장소이기도 했다. 그곳에서 하나님을 만나고 죄의 용서와 기도의 응답을 받았다. 법궤의 다른 이름은 언약궤다. 언약궤가 광야에서 애굽의 여러 가지 재앙으로 이스라엘을 지키시니, 블레셋 군대도 이를 당연히 두려워해 법궤를 탈취했으나 전염병 등 갖가지 재앙에 시달리다가 다시 이스라엘이 돌려주게 된다. 언약궤와 이스라엘 백성과의 관계는 그리스도와 우리의 관계와 같다. 그리스도께서는 우리의 안식처가 되시며 하나님과의 교제의 통로가 되시고, 계시와 축복의 근원이 되신다.

여리고

요단강을 따라 남쪽으로 내려가면 여리고가 나온다. 여리고는 이스라엘 남북 간의 딱 중간에 있는 지역이다. 세계에서 가장 낮은 해발 -900 피트이며, 지구상에서 가장 오래된 9000년 전의 성곽도시다. 이스라엘

여리고

민족이 출애굽 이후 가장 먼저 점령했던 곳이지만 지금은 아랍의 도시다. 이집트 여왕 클레오파트라가 가장 사랑했던 고대 도시이며, 예부터 기후가 온화하고 가까운 곳에 사해가 있어, 휴양의 도시로도 잘 알려져 있다. 이런 기후 덕에 종려나무가 많다. 우리에게는 대추야자로 알려진 종려나무 열매는 이곳의 특산품이기도 하다. 종려나무는 32피트가 넘어도 꼿꼿하게 자라 성품이 곧은 의인을 상징한다. 이런 이유로 종려나무 가지는 초막절이나 수전절에 사용한다. 헤롯은 종려나무 열매와 무화가 열매를 말려 창고 가득 저장해 두고 비상식량으로도 사용했다.

여리고 언덕에 올라가면 텔 여리고의 유적을 볼 수 있다. 이곳은 구약 시대의 여리고 지역으로 청동기, 철기 시대를 거쳐 성곽을 지었던 곳이다. 성벽은 2중 구조로 매우 견고하게 되어 있다. 이곳에서 동쪽 요르단 쪽으로는 느보산과 모압 평야가 보이고 남쪽으로는 사해, 서쪽으로는 유대 광야, 북쪽으로는 요단 계곡이 한눈에 보인다. 정상 부근에 가면 지금부터 9000년 전에 돌로 쌓은 25피트 높이의 전망대를 볼 수 있다.

삭개오의 뽕나무

여리고 중심가에는 성경에 언급된 예수님과 삭개오의 만남을 연상하게 하는 돌무화과의 큰 나무가 있다. 일각에서는 삭개오의 뽕나무를 추정하기도 하지만, 과연 이 나무가 2000년이 되었을까하는 의문이 든다. 식물학자들의 견해는 약 500년 정도 된 나무라고 한다.

예수님 시대에는 로마제국이 이스라엘을 지배하던 시절이다. 로마는 많은 세금을 걷기 위해 호구조사를 실시했고, 높은 지위에 있던 삭개오는 많은 세금을 징수해 유대인들의 원성을 샀다. 예수님께서 삭개오를 만나 "삭개오야 오늘은 내가 네 집에서 머물러야 겠다"라고 하셨다. 삭개오는 기쁜 마음으로 예수님을 맞이하여 자신의 무거운 죄를 회개하며 "삭개오가 서서 주께 여짜오되 주여 보시옵소서 내 소유의 절반을 가난한 자들에게 주겠사오며 만일 누구의 것을 속여 빼앗은 일이 있으면 네 갑절이나 갚겠나이다"(눅19:8)라고 고백했다. 그의 마음을 본 예수님께서는 "이 사람도 아브라함의 자손이고 이 집에 구원이 임하였도다"라고 선포하셨다.

쿰란

쿰란은 가장 오래된 성경 필사본인 사해 사본 두루마리가 발견된 곳이다. 사해에서 그리 멀지 않은 곳에 있으며 유대지방의 끝이기도 하다.

1947년 쿰란부근 동굴에서 발견된 성경 두루마리는 20세기 고고학계의 최대사건으로 꼽힌다. 무려 기원전 2세기경의 성경 사본과 성경 주석들로, 사해 사본 혹은 쿰란(Qumran) 사본이라고 한다. 2000년 전 유대교에는 사두개파, 바리세파, 에세네파, 열심당파 등 4개의 분파가 있었는데, 이 중 에세네파에 의해 쓰여진 것으로 알려지고 있다.

에세네파는 낮에는 자급자족을 위한 노동을 하고 저녁에는 부정함을 씻어내기 위한 정결례 예식을 했다. 정결례를 마친 후 세 명이 한 조가 되어 한 사람은 구약성경을 양가죽 두루마리에 잉크로 쓰고, 한 사람은 읽고, 또 다른 사람은 제대로 썼는지를 검토하는 역할을 했다고 한다.

기원후 68년 로마제국이 침공하여 에세네파 공동체가 파괴되는 과정에서 누군가가 이 필사본을 항아리에 담아 주변 11개의 절벽 동굴에 숨겨두었다. 그리고 1947년 베두인 양치기 소년에 의해 이 사해 사본이 처음 발견되었다. 이에 이스라엘과 요르단 정부, 그리고 가톨릭단체들이 공동 발굴단을 구성하여 추가 발굴에 나섰다. 20년에 걸친 발굴 작업은 10개의 동굴을 더 찾아냈고, 그 안에서 수백 개의 성경필사본을 발견하였다. 사해 사본은 역사적 가치나 성경적 가치를 판단하기조차 어려울 정도의 소중한 유물로 현재 이스라엘 박물관에서 보존하고 있다.

쿰란 동굴

베두인 족

베두인(Bedouin)
아라비아 반도 및 중동 지역에서 씨족사회를 형성하며 유목 생활을 하는 아랍인을 '베두인'이라고도 한다. 전 세계 2천만 명이 흩어져 살고 있다. 아랍어로는 '사막의 거주민'이라는 의미의 '바다위윤(badawiyyūn)'이라 불리며, 베두인의 어원도 거기에서 왔다. 아랍인은 '아랍어'를 사용하는 사람들을 총칭하기 때문에 수단의 흑인계 아랍인도 있으며, 시리아의 백인계 아랍인도 있다. 베두인은 아랍인들 중 유목민, 특히 아라비아 사막에서 유목하는 씨족들을 일컫는다. 대표적인 사막 유목민으로 꼽지만 모두가 유목을 하지는 않는다. 인구의 5~10% 아라비아 반도는 국가 성립 시기가 매우 늦었고, 베두인들은 씨족사회를 유지하며 서로 간의 세력 확장과 소멸 등을 반복하며 제대로 국가를 형성하지는 못했다. 그렇게 이슬람 탄생 전까지 씨족사회가 변함없이 지속되다가 이슬람의 성립과 함께 하나의 나라 아래 뭉치게 되고 베두인들의 사회적 영향력이 강해졌다.

엔게디

엔게디는 사울왕과 다윗의 얽힌 이야기가 전해 내려오는 곳으로, 엄청나게 우뚝 솟은 두 개의 봉우리 사이의 바위 계곡에 있다. 다윗은 자기를 죽이려고 하는 사울왕에게 자비를 베풀었으며, 그런 이유로 나중에 이스라엘의 12지파가 모두 다윗을 존경하고 다윗의 수하가 되었다. 헤브론의 유대 왕으로 7년을 보낸 다윗은 다시 예루살렘에서 유대와 이스라엘의 왕이 되었다. 그때가 이스라엘의 민족중흥기였다.

엔게디 전망대에서 보면 계곡 쪽에 폭포수가 떨어지는 것이 보인다. 이른바 다윗의 폭포다. 중앙산악지대의 높은 곳으로부터 흘러온 이 물은 유대 광야 한복판인 이곳에서 오아시스의 역할을 한다.

마사다

'마사다'는 유대인의 아픔이 남아 있는 곳이다. 이곳은 절벽 위의 요새로 동서로 약 820피트, 남북으로 약 2,000피트에 이르는 넓은 지역이다.

마사다 입구

기원후 70년 티투스 황제가 이끄는 로마군에게 예루살렘 성전을 함락당하자 967명의 열심당파 유대인들이 마사다로 피신해 저항하였다. 2년 후 로마군은 마사다를 포위해 그들을 고립시키고 압박을 가했지만 천연 요새인 마사다는 꿈쩍도 하지 않았다. 결국 로마군은 서쪽에 공성을 쌓아 일년 만에 마사다를 함락하게 된다.

성안에 들어간 로마군은 끔찍한 광경을 목도하게 된다. 궁성 안의 즐비한 유대인의 시체들이었다. 아직 물과 식량이 많이 남아 있었지만 로마군의 포로가 되는 것을 원치 않은 그들은 죽음으로 항거한 것이다. 유대인들의 계율에 자살은 금기였다. 생명은 하나님이 주시므로 하나님만이 거둬갈 수 있다. 이에 그들은 자살을 최소화하기 위해 제비뽑기를 해

마사다에 있는 헤롯궁전 모형

마사다

서로를 죽였다고 한다. 마지막 사람은 자결로 비극을 마감했다. 결국 여자 둘, 어린아이 다섯을 제외하고 960명이 모두 죽음으로 로마군에 저항한 슬픈 역사가 기록된 곳이다. 이곳에서 사해를 내려다보면, 당시 성안에서 죽음을 기다리는 유대인들의 마음을 다시 한번 생각하게 한다.

티투스 황제(39~81)

기원후 67년에 아버지 베스파시아누스 휘하에서 유대인 항쟁을 진압하기 위해 팔레스타인으로 갔다. 재무관이었지만 지휘관으로도 활약해 보병 레기온(Legion)을 지휘했다. 그 다음해 로마에서는 네로가 자살하고 갈바가 스스로 황제로 취임한다. 이에 티투스는 아버지의 명으로 갈바의 황제 취임을 축하하기 위해 로마로 떠났으나, 도중에 갈바가 살해당하고 그 뒤를 이어 즉위했던 오토도 자살했으며 비텔리우스가 새로운 황제로 즉위했다는 걸 알게 된다. 일년에 황제가 네 명이나 교체되는, 이른바 '4황제의 해'에 혼란이 빠진 로마의 정세에 따라 그는 스스로 발길을 돌려 다시 전장으로 돌아온다. 기원후 69년 그의 아버지 베스파시아누스는 무키아누스를 선봉으로 새 황제 비텔리우스에 대항하기로 하고, 티투스도 이를 지지한다. 다음해 베스파시아누스가 황제 선언을 위해 로마로 떠나자 티투스는 예루살렘 공략의 사령관이 되어 기원후 70년에 예루살렘을 점령한다. 그리고 3년 후에는 마사다를 제외한 대부분의 유대인의 반란을 평정했다. 이때 그는 유대 왕가의 일족인 베레니케와 사랑에 빠졌다고 한다. 지금도 로마 광장 입구에 서 있는 티투스 개선문은 그의 승리를 기념하기 위해 81년에 세운 것이다. 포룸 · 로마의 동쪽에 있는 개선문에는 그의 개선 때의 모습이 담겨있다. 기원후 71년 개선하여 로마로 돌아온 티투스는 베스파시아누스 황제의 개인 군대인 황실근위대의 지휘를 맡았다. 그 뒤 아버지와 공동 통치하며 호민관이 되었고, 73년에는 아버지와 함께 감찰관을 지냈고 몇 차례 공동집정관이 되기도 했다. 79년에 아버지가 죽자 즉각 제위에 올랐으나 그해 8월, 그 유명한 베수비오 화산이 폭발했다. 이때 나폴리 근교의 폼페이 · 헤르쿨라네움 · 스타비아이 등의 도시가 모조리 멸망하고 말았다.

사해

사해는 소금 염도가 30% 이상이라고 한다. 보통의 바다에 비해 10배나 높은 염도로 세계 어디에도 없는 독특한 바다다. 이런 이유로 어떤 생명체도 살지 못하며, 고인 물이지만 절대 썩지 않는 바다이기도 하다. 치유 성분이 있어 피부병이나 류마티스 등 각종 질병을 가진 환자들이 세계각지에서 모여드는 치료 휴양지로도 유명하다. 사해의 머드는 체내의 노폐물을 배출하고 체내 침투하여 염증을 치료한다고 알려져 있다. 사해는 성경에는 '염해(鹽海)'라고 언급되어 있다.

사해는 남북으로 기다란 모습이다. 남북이 약 44마일, 동서가 13마일, 수심 1,130피트이며, 해수면은 지면보다 낮은 마이너스 1,400피트이다.

이런 환경은 오래 전 지각변동으로 지중해의 물이 이스라엘과 요르단 사이의 골짜기로 유입된 후 갇히면서 만들어졌다. 게다가 비가 거의 오지 않고 매우 더운 지역이라 담수의 유입이 거의 없고 증발만 되니, 점점 염도가 높아져 지금에 이른 것이다.

TV나 사진에서 많이 봤듯이 사해에서는 바다에 몸을 맡기고 살짝 누우면 몸이 둥둥 뜨는 현상을 체험하게 된다. 워낙 풍부한 미네랄과 염분으로 30분 정도 바다 속에 머무르고 머드를 몸에 바르면 건강한 피부와 신체에 도움이 된다고 알려져 있다. 하지만 30분 이상은 몸에 무리가 갈 수 있으니 유의해야 한다.

마사다에서 본 사해

벧산

이스라엘 골짜기와 요단계곡의 교차점에 있는 벧산은 예루살렘에서 약 80마일 지점에 있다. 이스라엘에서 로마 시대 유적이 가장 많은 곳이며, 아주 오래된 인류의 거주지로써 약 4000년 전부터 그 흔적들이 남아 있다. 기원전 15세기경 이집트의 투트모세 3세가 이곳을 정복했다는 기록이 있으며, 한동안 이집트의 행정도시 역할을 했다.

벧산 주변

성경에는 사울왕이 블레셋 민족과의 길보아산 전투에 패한 후 3명의 아들과 함께 벧산 성벽에 못 박혔다는 말씀이 있고, 신약성경에는 예수님의 전도지역으로 '데가볼리'지방이라고 언급된 곳이다.

"갈릴리와 데가볼리와 예루살렘과 유대와 요단강 건너편에서 수많은 무리가 따르니라"(마4:25).

데가볼리는 '10개의 헬라식의 도시'를 의미한다. 그 중심지는 스키토폴리스(Scythopolis)로 바로 지금의 벧산이다.

벧산에 들어가면 로마 시대의 유적을 한눈에 볼 수 있다. 정면의 기둥을 세워놓은 320피트 정도의 중심 도로는 기원후 4세기경 이곳을 통치하던 팔라디우스의 이름을 따 '팔라디우스 거리'라고 이름 지었다. 거리 좌측에는 로마 시대 목욕탕 유적이 잘 보존되어 있는데, 탈의실인 아포디테리움과 테피다리움, 칼다리움, 프리지다리움이라 부르는 온탕, 열탕, 냉탕의 유적을 볼 수 있다. 우측으로는 약 7천 명을 수용할 수 있는 로마 원형극장과 시장이었던 아고라, 또 화장실 등의 유적을 만날 수 있다.

기원후 738년에 이곳에서 진도 8.9의 대지진이 일어나 많은 유적들이 무너졌는데, 그 흔적들이 그 상태로 잘 보존되어 있다.

투트모세 3세(Thutmose III)

이집트 제18왕조의 파라오로 기원전 1479년부터 재위한 투트모세 2세의 아들이다. 54년에 달하는 긴 재위기간 중 절반에 가까운 21년간 계모 하트셉수트가 섭정을 했다. 하트셉수트는 공동 파라오로서 실권을 쥐고 있었다. 투트모세 3세는 시리아, 누비아를 필두로 대규모의 군사 정복을 통해 이집트 영토를 최대로 넓혔다. 그는 전 생애에 걸쳐 17회의 원정을 했고, 그 결과 미타니, 히타이트, 아시리아, 메소포타미아, 가나안, 우가리트, 비블로스, 야흐베, 누비아 등을 지배했다.

하롯 샘

'하롯 샘'은 사마리아 지방의 중앙산지에서 흘러오는 풍부한 수량의 물이 모이는 곳이다.

이곳에는 하나님께서 추려주신 300명의 군대로 미디안의 13만 5,000명의 군대를 물리친 기드온의 이야기가 있다.

07

예루살렘 남부지역과 네게브 광야

벧세메스

구약성경의 사무엘상 14장에서 16장에는 삼손과 데릴라의 이야기가 나온다. 이 사건에 '벧세메스(Beit shemesh)'가 등장한다. 성경에서 이 지역이 나오는 또 다른 사건은 실로에 머물던 법궤를 에벤에셀 전투에서 블레셋에 빼앗긴 일이다. 이후 법궤는 블레셋 도시인 아스돗과 에그론에 머물렀지만 많은 재앙이 일어나 결국 암소 두 마리에 실려 이곳 벧세메스로 오게 되었다는 언급이 있다. 법궤는 이후 20년간 기럇여아림 아비나답의 집에 머물다가 결국 다윗에 의해 예루살렘으로 옮겨졌다. 벧세메스는 히브리어로 '태양의 집'이라는 뜻으로, 가나안에서는 쉐메쉬라 불리는 태양신을 섬기고 있었다.

소렉 골짜기에 위치한 벧세메스는 이스라엘과 블레셋 사이의 경계 도시였으며, 단 지파의 땅이다. 길이 잘 닦여져 접근하기 쉬운데, 학자들은 옛 성경 시대에도 이곳에서 예루살렘으로 가는 길이 바르고 넓었다고 한다. 성경 사무엘상 6장에도 '젖 나는 암소 두 마리가 법궤를 실은 새 수레를 끌고 벧세메스 길로 바로 향하여 대로로 갔다'고 기록되어 있다. 또한 북왕국 이스라엘의 왕 요아스가 유다 땅을 탐낼 때 전쟁을 벌이기도 했던 곳이다. 히스기야 시대에는 블레셋 사람들과의 전쟁이 끊이지

벧세메스

않았던 곳이며, 앗수르의 산헤립이 유다를 공격할 때 파괴된 도시 중 하나이기도 하다. 이후부터 구약 시대에는 완전히 사라진 도시였다.

지금 벧세메스의 정확한 위치를 찾는 것은 그리 어렵지 않다. 지형학적으로 소렉 골짜기에 위치해 소라와 딤나와 가까웠으며 블레셋과 경계를 이루는 도시이기 때문이다. 지금은 예루살렘에서 남서쪽으로 20마일 떨어진 곳에 아랍어로 '아인 쉠스(Ain Shems)'라는 마을로 고대 벧세메스의 흔적을 발견할 수 있다. 한편 1971년 이스라엘 고고학자 엡스타인(C. Epstein)이 이곳을 발굴하여 철기 시대 유적지와 비잔틴 시대의 수도원자리가 있었음을 밝혀내기도 했다.

엘라 골짜기

예루살렘에서 서남쪽으로 이동하는 길에서는 성경에 나오는 크고 작은 골짜기들을 만날 수 있다. 삼손의 고향인 소렉 골짜기의 벧세메스, 그리고 예루살렘에서 벧세메스를 향해 15마일 정도에 있는 엘라 골짜기가 그렇다. '소고'와 '아세가'의 산등성이 사이에 위치한 이 골짜기는 옛날 예루살렘-베들레헴-헤브론을 이어주는 중요한 군사이동로였다.

다윗이 사울을 피해 한때 숨었던 가드 역시 이 지역에 속한다. 가드는 옛 팔레스타인 땅으로 골리앗의 고향이기도 하다. 가드의 영웅 골리앗을 죽인 다윗이 사울을 피해 그 땅으로 도망쳤다는 것이 참 아이러니하다. 언뜻 보면 다윗이 스스로 자신을 지킨 것 같지만 사실은 그가 어디를 가든 하나님이 그를 지키고 계신 것을 알 수 있다.

엘라 골짜기의 전체 모습을 보기위해서는 아세가 언덕으로 올라가야 한다. 좁은 비탈길을 따라 올라가면 아세가 언덕의 정상이 나온다. 언덕 전망대에서는 엘라의 전경이 한눈에 들어온다. 전망대에는 히브리어로 성경구절을 새긴 돌 의자가 있는데, 당시 상황이 생생하게 느껴진다.

"블레셋 사람들이 그 군대를 모으고 싸우고자 하여 유다에 속한 소고에 모여 소고와 아세가 사이의 에베스담밈에 진 치매 사울과 이스라엘 사람들이 모여서 엘라 골짜기에 진치고 블레셋 사람을 대하여 항오를 벌였으니"(삼상17:1-2)

엘라 골짜기

브엘세바

브엘세바는 가나안 땅의 가장 남쪽에 있으며, 이스라엘에서 네 번째로 규모가 큰 도시로 교통의 요충지다. 히브리어로 우물을 가리키는 '브엘'과 일곱을 의미하는 '세바'에서 지역 이름이 유래되었다고 한다. 또 맹세하다라는 뜻의 '솨부아'라는 말에서 어원을 찾기도 하는데, '일곱 개의 우물', '맹세의 우물'의 도시로 해석한다. 실제 아브라함과 이삭이 이곳 땅을 파 일곱 개의 우물에서 물을 얻었으며, 아브라함과 아비멜렉이 맹세를 맺은 일화가 있는 우물이 있으니 둘 다 맞는 유래가 아닌가 싶다.

브엘세바 시내에는 아브라함의 우물이라고 불리는 곳이 있는데 실제로 보면 매우 깊다. 아브라함과 이삭이 물을 얻기 위해 굉장한 노력을 했다는 생각이 절로 든다. 당시 물을 얻기 위해 치열하게 싸운 아브라함이었지만, 아비멜렉과 전쟁을 종식하는 맹세를 이 우물 앞에서 했다. 브엘세바는 아브라함이 가장 중요한 선택을 한 곳이기도 하다. 사라와 하갈의 갈등이 있을 때 아브라함은 광야에서 하나님의 응답을 받고 하갈을 남쪽 바란 광야로 보낸다. 이 사건은 후에 하갈과 그의 아들 이스마엘이 아랍 민족의 조상이 되는 계기가 된다.

"아브라함이 아침에 일찍이 일어나 떡과 물 한 가죽부대를 가져다가 하갈의 어깨에 메워주고 그 아이를 데리고 가게하니 하갈이 나가서 브엘세바광야에서 방황하더니"(창21:14)

성경에 의하면 네게브 광야의 중심도시로 고대부터 번영을 누렸던 브엘세바에는 아브라함, 이삭, 야곱이 거주한 적이 있으며, 아브라함의 순종함을 나타낸 장소이기도 하다.

텔브엘세바

텔브엘세바는 현재 국립공원으로 지정되어 있다. 입구에 들어서면 네 귀퉁이에 뿔이 달린 제단이 있다. 이것은 율법을 어긴 불법 제단이며 우상을 섬겼던 제단이다. 이 제단은 복제품이며 진품은 이스라엘 고고학 박물관에 보관되어 있다.

또한 성문 입구 왼쪽에는 기원전 12세기 것으로 추정되는 깊이 130피트의 우물이 있다. 그 외에도 통치자의 집, 주거지, 전망대, 음식저장고, 물저장소 등 여러 유물들이 있다.

브엘세바

아브닷

아브닷은 네게브 남쪽 고지대에 있는 성읍으로서 기원전 3세기에 나바테아 사람들에 의해 건설되었다. 성경에는 등장하지 않지만 고대 성경 시대에는 매우 중요한 성읍이었다. 왜냐하면 요단강 동편(오늘날 요르단)의 페트라(Petra)와 네게브의 최남단 에일라트(Eilat)에서 비롯된 도로들이 만나는 지점이며, 지중해 연안의 가자(Gaza)로 이어졌기 때문이다. 이 도로는 기원전 1세기~기원후 7세기에 유명했던 일명 '향료길'이다. 나바테아 대상들은 이 도로를 통해서 요단강 동편의 페트라, 아라비아 반도에서 지중해 가자까지를 오가며 무역을 했다. 이 시기가 나바테아인들의 왕인 '오보다 2세' 시대였다. 아브닷이라는 지명은 거기에서 나왔다.

나바테아 사람들은 북아라비아 출신의 유목민들로서 네게브 지역을 돌아다니며 주로 무역을 했으며, 에돔 산지에 있는 페트라를 수도로 삼고 독립 국가를 세웠다. 나바테아 왕국의 권세는 기원전 1세기에서 기원후 1세기에 절정에 달했으며, 이 시기에 오늘날의 요르단은 물론 요단강 서편의 이스라엘과 시리아를 지배했다. 이들은 네게브의 메마른 지역에 있는 물의 근원을 알고 물을 관리하는 특별한 능력을 갖추고 있었으며, 동아프리카와 아라비아에서 나는 향료와 향신료 등의 무역으로 거대한 부를 축적했다. 아브닷은 기원전 3세기부터 약 400년간 이들의 주요 거주지였지만, 기원후 106년 로마제국의 침공으로 로마의 중요 군사기지화 되었다. 기원후 5세기에는 큰 지진으로 완전히 파괴되었으나 비잔틴 시대의 교회 터와 수도원 터, 로마 시대의 거주지와 망대가 일부는 아직도 남아 있다.

에일라트

에일라트(Eilat)는 인도, 동아시아 및 아프리카로 나아가는 3천년의 역사를 지닌 홍해 최대 항구다. 지금은 이스라엘 최대의 휴양도시로 유럽인들에게 인기가 높다. 60년 전만해도 판잣집 스타일의 개척자들의 마을이었으나, 홍해 개발과 더불어 이스라엘 최대의 휴양도시가 되었다.

매우 덥고 척박한 땅이었지만 지리적인 위치로 인해 고대로부터 유향과 여러 가지 물건들을 교역하는 국제 항구로써 자리를 잡게 되었다. 구약성경에는 '엘바란'으로 언급되어 있는데, 출애굽하던 이스라엘 민족은 이곳을 거쳐 요단 건너편으로 이동했다고 한다. 이스라엘 최남단 도시로 요르단의 항구도시 아카바와 이집트의 시나이 반도와 국경을 접하고 있다.

휴양지 에일라트

2

터키의 성지

이스탄불

소아시아 일곱 교회

사도 바울 전도여행지

터키 공화국은 서아시아의 아나톨리아와 유럽 남동부 발칸 반도의 동트라키아에 걸쳐있는 나라이다. 수도는 앙카라이며 공용어는 터키어다. 국교를 명시하지는 않고 있으나 국민의 절대 다수가 이슬람교를 신봉해 사실상 국교나 마찬가지다. 지역적으로 동양과 서양, 아프리카를 연결하는 지정학적 위치로 인해 고대부터 세계사에 많은 영향을 끼쳤다. 페르시아가 그리스까지 영토를 넓히며 막강한 힘을 자랑할 때도 터키를 지나갔으며, 마케도니아의 알렉산더 군대가 페르시아와 동방을 뻗어나갈 때도 터키를 다리로 삼았다. 이처럼 터키는 역사의 큰 길목마다 등장하는 만큼, 초기 기독교에서도 매우 중요한 역할을 했다.

구약 시대 아브라함이 살던 하란 땅은 터키에 있다. 아브라함과 욥의 전승이 있는 산(르) 우르파도 그렇고, 기원전 세계사의 분수령이 된 갈그미스 전투의 갈그미스도 시리아와 국경지대에 있다. 이외에도 사도 바울의 고향인 다소, 1차 선교여행의 출발지인 실루기아 항구와 전도지인 더베, 루스드라, 이고니온, 비시디아 안디옥, 버가, 앗달리아, 바다다라, 무라, 앗소, 드로아 등 기독교의 역사가 서린 땅이 터키엔 즐비하다. 요한계시록의 7대 교회인 에베소, 서머나, 버가모, 두아디라, 빌라델비아, 라오디게아, 사데, 온천으로 유명한 파묵칼레의 히에라볼리도 있으며, 수리아, 카파도키아, 루기아 등은 베드로의 선교지이기도 하다.

현재 터키 지역을 예전에는 아나톨리아(Anatolia)라 불렀다. 아나톨리아는 '태양이 떠오르는 곳' 즉 '동방'이라는 뜻이다. 아나톨리아 반도에는 기원전 1900년부터 1200년까지 앙카라 동북지역을 중심으로 아나톨리아 최초의 통일 국가였던 히타이트(Hittites) 제국이 세워지면서 차츰 번성했던 곳이다. 히타이트는 성경에서 헷 족으로 알려진 민족이며, 이들은 역사상 처음으로 철기를 사용하였고 기마 전술에도 능했던 민족이다. 기원전 1280년경에는 당시의 대제국인 이집트의 파라오 람세스 2세와 세력을 다툴 만큼 강대국이었지만 기원전 1200년대에 이르러 쇠퇴의 길로 접어들었다. 이 지역을 흔히 소아시아로 부르기도 한다.

01

이스탄불

수도 앙카라만큼 세계적으로 잘 알려진 터키의 도시는 이스탄불이다. 옛날엔 콘스탄티노플로 불리었으며 비잔틴과 오스만 터키의 수도이기도 했다. 터키에서도 실크로드의 종착지이자 유럽과 중동, 아시아 그리고 아프리카를 연결하는 가교 도시로 세계적인 유적지가 많고, 기독교 성지와 흔적들도 많은 곳이다.

이제 이스탄불을 첫걸음으로 터키 성지순례를 시작해 보자.

성 소피아 대성당

비잔틴 시대 건축양식의 대표적 건물인 성 소피아 성당은 서기 537년 유스티니아누스 황제가 막대한 자금을 들여 봉헌한 성당이다. 그전부터 교회가 있던 자리였지만, 새로 짓는 수준으로 재건한 건축물로 15층 높이에 달하는 중앙돔과 여러 개의 보조돔으로 이루어졌으며 40여개의 창문을 통해 들어오는 빛은 매우 신비롭기까지 하다.

이 성당은 지어진 후 천년 가까이 비잔틴 제국의 자존심이자 그리스도교의 정신적 지주 역할을 해왔다. 그러나 15세기 중반 야심만만한 오스만 제국의 젊은 술탄에 의해 하루아침에 운명이 바뀌고 만다. 1453년 오스만제국의 술탄 메흐메트 2세가 치밀한 준비 끝에 콘스탄티노플 공략에 나섰고, 두 달간의 치열한 공방전 끝에 비잔틴 제국의 황제를 죽였으며 그해 5월 29일 마침내 도시를 완전히 함락한 것이다.

콘스탄티노플에 입성한 정복자 메흐메트 2세는 성 소피아 대성당을 처음 본 순간, 그 웅장한 규모와 완벽한 예술적 가치와 아름다움에 매료되었다. 비잔틴 제국의 권위를 상징하는 건물이라 그냥 놔둘 수 없었지만, 감히 파괴할 엄두를 내지 못했다. 고심 끝에 그는 이 건축물을 모스크로 개조하라는 명령을 내렸다.

성 소피아 사원

소피아 사원 내부

복원된 성화

그 과정에서 먼저 벽면의 모자이크 성화를 없앴다고 한다. 이슬람은 초월적인 신의 세계를 화폭에 담아 표현하는 것은 일종의 신성모독이라고 여겼기 때문이다. 성화는 석회를 덧발라 감추고 내부 공간은 알라와 예언자 무함마드를 찬양하는 아랍어로 장식했다. 건물 바깥에는 미나레라고 부르는 이슬람식 첨탑 네 개를 세워 이슬람식 건축물 형태로 개조했다.

블루 모스크(술탄 아흐메트 자미)

블루 모스크는 성 소피아 사원과 마주보고 있는 이슬람 사원이다. 두 건축물은 외양이 흡사해 언뜻 구별이 안 되는 쌍둥이처럼 닮았다. 성 소피아 사원의 아름다움을 본 술탄이 오스만제국의 건축 거장 미마르 시난에게 이보다 더 아름다운 이슬람 사원을 건축하라는 명령으로 시공했다고 한다. 이에 609년 공사를 시작했지만 그의 제자 메흐메트 아아에 의해 1616년에 완공되었다. 성 소피아 성당과 꼭 닮았다고 하지만, 자세히 보면 돔의 구조와 첨탑의 개수, 외벽을 감싼 은은한 푸른빛의 타일이 다른 것을 알 수 있다. 이 푸른빛 타일의 외관 덕분에 원래 이름인 술탄 아흐메트 자미보다는 블루 모스크라는 별명으로 더 많이 알려져 있다.

이스탄불 시내 곳곳의 모스크에는 첨탑인 미나레가 솟아 있는 것을 볼 수 있는데, 이 미나레의 개수에 따라 누가 지었는지를 짐작할 수 있다고 한다. 개인이 지은 모스크는 미나레가 하나, 장군이 지은 모스크는 두 개, 나라에서 지은 것은 세 개이며 술탄에 의해 지은 것은 네 개라고 한다. 그런데 블루 모스크가 메카와 같이 무려 여섯 개의 미나레를 세운 것은, 그만큼 높은 권위를 상징한다는 것이다.

블루 모스크는 현재도 무슬림 사원으로 쓰이고 있으므로 방문객도 입장이 가능하다. 그러나 신자들이 예배를 드리는 장소인 만큼 그들의 종교를 존중하여 예절에 따라 행동해야 한다. 모스크는 누구나 신발을 벗고 들어가야 하고 짧은 바지는 금물이다. 꼭 긴바지를 입어야 하며, 여성은 머리카락을 가리는 히잡을 착용하거나 스카프를 써야 한다. 예배 시간이 아니면 내부의 사진 촬영도 가능하니 예배 시간을 피해서 방문하는 것이 좋다.블루 모스크는 실내도 은은한 푸른색 세라믹 타일로 치장이 되어 있다. 무려 2만 장의 타일이라고 하며, 돔 주변의 창을 통해 비치는 햇살이 숙연하고 차분한 분위기를 연출한다. 중앙 돔은 지름 89피트, 높이 140피트로 터키 모스크 중 최고의 규모를 자랑한다.

블루 모스크

이집트 투트모세 3세의 오벨리스크

성소피아 성당 옆에는 로마 시대의 경기장인 히포드롬이 있다. 이곳에는 이집트의 오벨리스크가 있는데 이집트 룩소르의 카르나크 신전에 세워진 것을 이곳으로 옮겨왔다. AD 15세기 무렵 이집트가 가장 큰 영토를 가졌던 투트모세 3세의 업적을 기록한 오벨리스크로, BC 390년 테오도시우스 1세가 전승을 기념하며 콘스탄티노플로 가져왔다고 한다.

오벨리스크

투트모세 3세

코라 교회

코라라는 말은 '시골' 또는 '교외'라는 뜻이다. 한편 이 교회는 구세주 교회라고도 불리며, 1077년부터 1081년까지 알레기우스 1세의 장모인 도우카니에 의해 세워졌다. 이 교회에는 현존하는 최고의 모자이크와 프레스코 성화로 유명하다. 성화는 마리아의 탄생과 어린 시절의 장면, 예수님 탄생 후 동방박사로부터의 경배를 받는 장면, 로마군에 의한 어린이 학살 장면, 예수님이 마귀에게 시험받는 장면과 병자들을 고치고, 기적을 나타내는 장면 등이 그려져 교회를 장식하고 있는데, 예술적 가

코라 교회

치가 높아 비잔틴 시대를 대표하는 작품으로 평가받는다. 그러나 1500년에 오스만 투르크가 이슬람 사원으로 사용하면서부터 소피아 성당처럼 모든 모자이크와 프레스코 성화를 회벽으로 덮어버렸었다. 지금의 성화는 이후 일부 작품들을 복원한 것이다.

02

소아시아 일곱 교회

소아시아 일곱 교회(Seven Churches of Revelation)는 초기 기독교에서 매우 중요한 의미를 지닌 교회들이다. 요한계시록의 7 교회로 알려진 바로 그 교회들이다. 당시의 교회는 각 도시에 흩어져 사는 기독교인들의 공동체로 함께 모여 예배를 드리는 것 이상의 의미를 갖고 있었다. 기원후 81년 로마황제가 된 도미티아누스는 로마 시민들에게 자신을 숭배할 것을 명령하였으나 기독교인들과 유대교인들은 황제 숭배를 거부하여 박해를 받게 되었다. 이즈음 사도 요한은 밧모섬으로 유배되었다. 우리가 잘 아는 요한계시록은 이때 기록되었다고 한다. 계시록 2장 13절에 언급된 '사탄과 권좌' 또는 '사탄이 권세를 쥐고 있는 도시'는 로마와 에베소에 있었던 로마황제의 신전을 가리키는 것으로 해석되고 있다.

이런 상황에서 사도 요한은 에베소에 있는 교회를 비롯하여 소아시아 일곱 교회들에게 그리스도의 신앙을 지키기를 권고하고 위로하는 편지를 보낸다. 바로 에베소 교회, 서머나 교회, 버가모 교회, 두아디라 교회, 사데 교회, 빌라델비아 교회, 라오디게아 교회 등이다. 그 교회들을 차례로 순례하면서 다른 유적도 함께 둘러보기로 한다.

에베소(터키의 셀주크)

에베소는 서부 소아시아의 에게 해 연안, 지금의 터키에 속한 항구 도시로 밧모섬으로 가는 배편이 있는 곳이다. 에베소는 '욕강과 소망'이라는 뜻이다. 로마제국이 소아시아를 지배할 당시에 로마, 알렉산드리아, 안디옥과 함께 로마의 4대 도시 중에 하나였으며, 기원후 1세기 즈음에는 기독교인들에게도 매우 중요한 도시였다. 기원후 37~42년 사이에 기독교 전도에 주력하던 그리스도의 사도들이 예루살렘에서 추방당하게 되자 이곳에서 선교 활동을 벌이게 된다. 사도 바울도 2차와 3차 전도여행 때 에베소를 방문하여 선교를 하고 교회를 세웠다. 또 그리스도로부터 성모 마리아를 돌볼 임무를 부여받은 그는 이곳에서 마리아와 함께 말년을 보냈다. 64년 그가 로마 성 밖에서 순교하자 요한이 대를 이어 에베소의 기독교 지도자가 되었다. 이후 요한이 밧모섬으로 유배를 갔지만, 곧 도미티아누스가 죽게 되자 다시 이곳으로 돌아와 요한복음을 썼다. 이후 요한은 자신의 뜻에 따라 에베소에서 마지막 생을 마감하고, 이곳에 묻히게 된다. 비잔틴 시대에는 그의 무덤이 있는 자리에 사도 요한의 교회가 세워졌다.

에베소 대극장

에베소는 도시 전체가 박물관처럼 많은 유적이 잘 보존되어 있다. 에베소 교회, 요한의 무덤, 누가의 무덤으로 추정되는 곳도 있으며, 2만 5

천 명을 수용할 수 있는 에베소 대극장과 기원전 1세기에 건축된 로마식 건물인 도미티아누스 신전, 기원전 6세기에 건축된 웅장한 아르테미스 신전도 잘 보존되어 있다. 아르테미스는 기독교가 들어오기 전까지 에베소인들에게 풍요와 생명의 여신으로 숭배의 대상이었다. 에베소는 주변 국가인 스파르타, 페르시아, 페르가몬, 로마 등의 흥망성쇠에 따라 식민지의 주인이 바뀌는 영욕의 역사로 얼룩진 도시다. 그럼에도 상업과 교역을 통해 막대한 부를 축적한 도시였다.

에베소 교회

에베소 교회(계2:1-7)는 가장 남쪽에 위치했으며 아시아 일곱 교회 중 첫 번째 세운 교회다. 그래서 에베소는 아시아의 머리이고, 에베소 교회는 소아시아 지방의 어머니 교회라고 부른다. 초기에 많은 유대인들이 개종을 하면서 에베소 교회는 선교의 열정이 정말 뜨거웠다고 한다.

바울은 기원후 52년 2차 전도여행 중 이곳에 잠시 들렀으나, 3차 때엔 이곳에서 2년간 헌신적으로 사역을 했다. 이후 바울의 뒤를 이어 아

사도 요한 기념교회

성모 마리아의 집

볼로, 디모데, 브리스길라와 아굴라 그리고 사도 요한도 이곳에서 사역했다.

아르테미스 신전

아르테미스 신전은 그리스 신화에 등장하는 달의 여신 아르테미스에게 바쳐진 신전으로 에베소에 있다. 이 신전은 두 번이나 완전히 파괴되어 다시 세워졌는데 첫 번째로는 거대한 홍수로, 두 번째로는 방화로 인한 것이었다고 한다. 세 번째 세운 것은 고대 세계 7대 불가사의에 꼽힐 만큼 놀라운 건축물이었으나, 기원후 401년 또 파괴되고 만다. 지금은 신전의 토대와 조각 파편만이 남아 있다.

아르테미스 신전 유적

아르테미스 신전 모형

서머나(터키의 이즈미르)

서머나는 요한이 쓴 계시록 외에는 그 기록을 찾아볼 수 없다. 사도 바울의 전도 활동으로 기독교 공동체가 만들어졌다고 전해지는데, 서머나 교회도 누가 세웠는지도 분명하진 않다. 서머나는 에게 해의 항구 도시로 에베소 북방 50마일 지점에 있다, 지리적 여건이 좋아 예전부터 내륙과의 교역이 왕성했고 학문의 교류도 활발했던 곳이다. 소아시아 서안에 있는 항구 도시로 지금은 이즈미르로 불리며 터키 3대 도시로 꼽히고 있다. 역사적으로는 이오니아인들이 세운 도시 국가였으나, 기원전 6세기경 리디아의 왕 알리아테스에 의해 멸망하였고, 기원전 3세기경 알렉산더 대왕의 후계자들인 안티고노스(Antigonus)와 리시마코스(Lysimachus)에 의해 재건되었다.

서머나 교회(폴리갑 기념교회)

서머나 교회(계2:8-11)의 감독 폴리갑은 그의 나이 86세에 로마 총독 게르마니쿠스에게 체포되어 순교했다. 로마 총독은 그에게 예수님을 부인하면 살려주겠다고 하였으나, 그는 끝까지 예수님을 섬겨 화형을 당하였다. 당시 소아시아의 기독교와 교회들은 많은 어려움을 겪고 있었다. 종교적으로는 정통 유대교인들에게 공격을 받고 있었고, 정치적으

폴리갑 교회 내부

로는 로마황제 숭배를 강요당할 때이며, 경제적으로도 궁핍한 처지였다. 그러나 이런 엄청난 고난 속에서도 그리스도에게 충성함으로써 그리스도로부터 생명의 면류관을 받을 것이라는 약속을 받았던 곳도 교회였다. 서머나 교회는 폴리갑 순교 60년 전에 계시록에 기록이 보인다.

1960년 프랑스 교구에서 순교자 폴리갑을 기념하기 위해 재건한 교회가 바로 폴리갑 교회이다. 교회의 규모가 그리 크지는 않지만 대리석 기둥으로 받친 건물은 웅장하게 보인다. 교회 내부에는 프랑스화가 레이몽 페레가 그린 성경의 속 이야기와 폴리갑의 화형(火刑) 장면 등 폴리갑의 생애를 묘사한 성화가 장식돼 있다. 현재 이 교회는 소아시아 일곱 교회 중 유일하게 건물이 있어 기독교인들의 예배와 순례의 장소로서 사용되고 있다.

고대 아고라

서머나에 있는 아고라는 알렉산더 대왕의 지시로 만들어진 시장(市場)이다. 기원후 178년의 지진으로 파괴되었으며, 현재 남아 있는 아고라

아고라 유적

유적은 마르쿠스 아우렐리우스 때 다시 만들어진 것이다. 코린트 양식의 기둥과 돌 조각, 그리고 지하 구조물이 남아 있는데, 아직 북쪽과 남쪽 지역만 부분적으로 발굴된 상태다.

아고라(Agora)의 북쪽 지역에는 3개의 구역으로 나누어진 공회당이 있다. 각 구역은 경사진 지붕을 받치는 기둥들을 경계로 나누어진다. 포세이돈 신전은 현재 기둥만 남아 있지만 당시에 만든 샘은 아직도 맑은 물이 쏟아지고 있다. 돌으로 지붕이 덮여 있던 중앙도로도 잘 보존되어 있고, 데미테르의 동상은 이오니아 문명의 전성시대를 말해 주고 있다.

버가모(터키의 베르가마)

버가모(Pergamum)의 현재의 지명은 '베르가마'이다. 에베소와 서머나와 함께 소아시아의 3대 도시였으며, 로마제국의 소아시아 수도였다. 이 도시는 양피지가 발달해 20만 권의 장서를 가진 세계 2대 도서관과 대학이 있던 학문의 도시였다. 안토니우스는 결혼 선물로 클레오파트라에게 도서관에 있는 책을 모두 주었다고 한다.

또한 버가모에는 최고의 종합병원 아스클레피온(Asclepion)과 의사들이 있어 기적의 치료법을 찾아 나선 순례자들이 모여들던 곳이기도 하다. '아스클레피온'은 건강과 치료의 신인 독사 모양의 아스클레피우스(Asclepius)로부터 유래된 것으로, 오늘날 군대 의무대의 상징인 뱀 마크의 기원이기도 하다.

버가모 교회 건너편에 나지막한 산 하나가 보이는데, 바로 그 유명한 아크로폴리스가 있는 곳이다. 아크로폴리스에는 넓이 330제곱피트, 높이 65피트에 이르는 거대한 제단이 있으며, 4대 신전인 제우스 신전을 주축으로 디오니소스 신전과 아스클레피오스 신전, 아테네 신전이 웅장하게 자리하고 있다. 로마 시대에는 이곳에 로마 황제를 숭배하는 신전까지 있었다고 하며, 1만 명을 수용할 수 있는 극장도 있었다고 한다.

버가모 교회

버가모 교회(계2:12-17)는 일곱 교회 중 가장 북쪽에 있다. 기원후 313년 콘스탄티누스 황제가 밀라노 칙령을 내려 종교의 자유를 보장하면서 한때 버가모 교회는 세속화의 길을 걷게 된다. 이에 하나님께 세속화에 대한 경고를 듣기도 하지만, 안디바의 순교와 신자들의 믿음으로 유혹과 핍박을 이겨내고 종교적 정절을 지켜 하나님의 칭찬을 받은 교회로 알려져 있다.

교회로 사용되기 전에는 이집트의 세라피스 신전으로 사용되었다. 초기 기독교에서는 로마의 바실리카 건축양식이었으나, 후에 로마네스크 양식으로 다시 지어졌다. 지금은 잔해만 남았는데 기원후 2세기경 붉은 벽돌로 지어진 것이다. 비잔틴 시대에는 사도 요한의 교회로 오랫동안

버가모 교회 유적

사용되었으나, 13세기 이후에는 더 이상 예배를 드리지 않으며 지금은 이슬람교도들의 기도처만 구석에 자리하고 있다.

두아디라(터키의 아크히사르)

두아디라는 버가모 남동쪽으로 약 35마일 떨어진 곳에 있는 터키의 소도시로 지금은 아크히사르라고 불린다.

알렉산더 대왕의 측근 참모였던 셀레우코스 1세는 시리아의 왕이 되어 기원전 300년경 두아디라를 점령한다. 그는 이곳을 '두아(Thya)'라는 딸의 이름과 '성읍'이란 뜻의 '테리아'를 합성하여 '두아테리아'라고 이름을 붙였다. 원래 이 지역은 농업과 목축업에 종사하던 소수의 사람들만 살고 있던 작은 마을이었지만, 셀레우코스 1세는 많은 군대를 이곳에 주둔시키며 군사 도시를 만들려고 했다. 그러나 군대만으로는 도시 발전의 한계가 있어 많은 유대인들과 마케도니아인들을 이주시켜 성읍의 규모를 키워나갔다. 이후 기원전 133년 버가모의 왕 앗탈레스 3세 때 로마에 의해 이곳도 점령당하고 만다. 로마는 두아디라를 소아시아주 수도인 버가모를 보호하기 위한 전략적 요새로 삼았다. 그러나 지형적으로 그 역할에 한계가 있어 주변의 침략을 받을 때마다 대부분의 유적들이 파괴되었다.

이곳에서는 역사상 최초로 직업 조합인 길드가 형성된 곳이다. 면직, 모자, 가죽, 제빵업에 종사하는 사람들의 길드가 활성화되었다고 한다. 또 식물에서 추출한 염료를 이용하여 자주색의 옷감을 염색하는데 성공하여 세계적인 브랜드로 발전시킨 곳이기도 하다.

두아디라 교회

두아디라 교회(계2:18-29)는 어떻게 세워졌는지는 정확히 알 수 없다. 다만, 두아디라 출신인 루디아가 바울의 2차 전도여행 때 에베소에서 바울을 만나 전도를 받고 고향에 세운 교회로 추정하고 있다. 기원후 325년 니케아 회의나 431년 에베소 회의에 두아디라 교회의 대표가 참석했다는 기록이 남아 있어 교회의 존재를 확인할 수 있을 뿐이다. 현재에는 기원후 540년경 세운 것으로 추정되는 기념교회의 석축과 담장만 초라하게 남아 있다.

두아디라 교회는 비잔틴 시대에는 아시아 일곱 교회 중의 하나로 크게 번성하였으나, 1425년부터 오스만제국의 지배를 받게 된다. 척박한 환경에서 열심히 노력해 번창하는 교회였지만, 세력을 확장하는 중에 이방종교의 영향까지 받아들이는 무모한 짓을 범하기도 했다. 북 이스라엘의 7대 왕 아합의 부인 이세벨은 바알 우상을 섬기는 지중해의 시돈 왕국 출신이다. 그녀는 아합왕과 신하, 백성에게 우상숭배를 가르치며 우상을 섬기는 정책을 펼치면서, 이를 지적하고 반대하는 선지자 엘

두아디라 교회

리야마저 죽이려고 했다. 그런데 이때 두아디라 교회가 이세벨을 용납한 것이다. 이에 두아디라 교회는 사도 요한으로부터 강력한 경고를 받았다.

"그러나 네게 책망할 일이 있노라 자칭 선지자라 하는 여자 이세벨을 네가 용납함이니 그가 내 종들을 가르쳐 꾀어 행음하게 하고 우상의 제물을 먹게 하는도다"(계2:20).

한편 에베소 교회는 신앙 사수를 위해 법과 규율을 지키다가 사랑을 잃어버리기도 했다. 성경말씀에 "불법이 성하므로 많은 사람의 사랑이 식어지리라"(마24:12)가 그것이다. 그러나 두아디라 교회는 사랑이 이전보다 더 많았으므로 예수님의 칭찬을 받기도 했다.

사데(터키의 사르디스)

이스탄불에서 남쪽으로 가다보면 사데(Sardis)라는 도시가 나온다. 지금은 폐허가 되었지만 예전에는 '황금의 도시'라는 별명을 얻을 만큼 화려하고 부유했던 도시였다. 고대 왕국 리디아(Lydia)의 수도였고 페르시아 제국 시대에는 소아시아 지역의 수도였다. '남은 자' 또는 '남은 물건'이라는 의미를 지니고 있는 사데는 앞으로는 강이 흐르고 뒤에는 산이 자리하고 있어서 난공불락의 도시였다. 두아디라에서는 자동차로 약 30분 정도 떨어진 남쪽에 위치하고 있다.

사데 교회

아르테미스 신전 남쪽에 둥근 지붕 모양의 비잔틴 시대의 사데 교회(계3:1-6) 유적이 남아 있다. 외부는 벽돌로 쌓았으며 내부는 모자이크와 프레스코 벽화로 장식되었다. 소아시아 일곱 교회 중 하나로 기원후 1세기 중반의 사도 바울의 제자이며 일곱 집사 중 한 명인 메노로지온이 감독으로 있었다. 초대교회 박해 시에는 테라폰과 아폴로니우스와 같은 많은 그리스도인들이 순교하였다.

사데 교회 터

아르테미스 신전

사데의 유적 중 가장 높은 가치로 평가받는 곳은 아르테미스 신전이다. 그전에는 이곳에 키벨레 신전이 있었다. 키벨레 신은 소아시아에서 전통적으로 내려오던 풍요의 여신으로 아르테미스와 같은 성격의 신이었다. 기원전 498년 아테네 군대에 의해 키벨레 신전이 파괴되었고, 기원전 334년 알렉산더 대왕의 명령으로 '다산과 풍요의 여신'인 아르테

아르테미스 신전 유적

미스 신전을 그 자리에 세웠다. 지금은 기둥 등 일부만 남았지만 78개의 석주가 늘어선 웅장한 신전이었다.

빌라델비아(터키의 알라세히르)

빌라델비아 교회가 있는 도시는 오늘날 터키 마니사 지역의 '알라세히르'(Alashehir)이다. '붉은 성읍'이란 뜻의 지명은 그 지역 땅의 색깔이 붉은 데에서 나온 이름이다. 성경에서는 빌라델비아라고 부르는데, 버가모의 왕 빌라델푸스(Philadelphus)가 동부 진출의 전초기지로 이 지역에 도시를 건립, 자신의 이름을 따서 빌라델비아라고 이름 지었다. 사랑이란 의미의 '필로스'와 형제라는 의미의 '아델포스'라는 두 단어의 합성어로 '형제 사랑'이라는 뜻이다.

사데에서 2마일 동쪽 소아시아 고원지대에 위치하고 있으며, 기원후 17년과 23년에 큰 지진이 일어나 도시가 대파되어 아무런 고대 유적이 남아 있지 않다. 다만 비잔틴 시대에 사도 요한을 기려 지은 사도 요한 교회의 일부 유적만이 남아 있다.

빌라델비아 교회

빌라델비아 교회(계3:7-13)는 계시록에 소아시아 일곱 교회 중 여섯 번째로 소개된 교회로 서머나 교회와 같이 항상 칭찬을 듣는 교회였다. 언제 교회가 시작되었는지 알 수 없으나, 부유하지는 않았지만 항상 베품의 마음이 충만해 이 지역에서 나는 포도주로 주변의 300여개의 교회들이 성찬식을 했다고 한다. 교회는 비잔틴 시대에 벽돌을 재료로 지어진 건물로 6개의 큰 기둥이 있는 직사각형의 건물이었으나 기원후 17년

빌라델비아 교회 유적

에 있었던 대지진으로 폐허로 변해버린다. 빌라델비아 기념교회인 성 요한 교회는 현재는 6개의 기둥 중 3개만이 보존되어 있다.

라오디게아

라오디게아는 원래 기원전 2천 년경 그리스 본토에서 아나톨리아로 이주한 이오니아인들에 의해 세워져 디오스폴리스(Diospolis) 혹은 로아스(Rhoas)라고 불렀다. 이후 시리아를 중심으로 세운 셀레우코스 왕조의 안티오코스 2세가 기원전 261년과 253년 사이 도시를 재건하면서 자신의 부인인 라오디케(Laodike)의 이름을 따 라오디게아라 명명했다. 지금도 라오디게아 신전이 그 자취로 남아 있다.

에베소에서 동쪽 수리아로 가는 길목에 있어 동서양을 이어주는 관문 도시로 발전했으며 물자 거래와 사람들의 왕래가 많아 금융산업도 발달하게 되었다. 로마의 역사가 타키투스(Tacitus)의 기록에 의하면 라오디게

빌라델비아 교회 유적

아는 당시 지상에서 가장 부요한 도시로 꼽았다고 한다. 기원후 13년과 61년 대지진으로 완전히 파괴되었을 때도 중앙정부인 로마의 지원 없이 자체적으로 재건했을 정도였다고 한다.

의학이 발달한 도시라 기원전부터 귀병과 눈병을 치료하는 약을 개발했다고 한다. 하지만 이곳은 물이 부족해 골로새 뒤 바바산의 만년설이 녹아내린 물을 8마일에 달하는 수로를 만들어 끌어다 썼다. 골로새는 에베소에서 바울의 전도를 받아 회계한 에바브라가 세운 골로새 교회가 있던 곳이다.

푸블리우스 코르넬리우스 타키투스

Publius Cornelius Tacitus(56년~117년). 고대 로마의 역사가이며 가이우스라는 이름으로도 전해진다. 그에 관한 정확한 정보는 남아 있지 않지만, 그의 저서 〈타키티우스의 연대기〉 〈게르마니우스〉 등 여러 권이 한글로도 번역 출간되어 있다.

라오디게아 교회

라오디게아 교회(계3:14-22)는 소아시아 일곱 교회 중 마지막 교회로 에바브라가 설립한 것으로 추측하고 있다. 에바브라가 라오디게아와 히에라볼리에 있는 성도들을 위해 수고를 했다는 기록으로 그렇게 추정하고 있다. 지리적으로 빌라델비아에서 버가모, 두아디라와 사데를 통해 연결되는 주요한 위치에 있던 교회였다.

"내가 네 행위를 아노니 네가 차지도 아니하고 더웁지도 아니하도다 네가 차든지 뜨겁든지 하기를 원하노라 네가 이같이 미지근하여 더웁지도 아니하고 차지도 아니하니 내 입에서 너를 토하여 버리리라"(계3:15, 16).

그러나 이렇게 책망을 들을 정도로 당시의 라오디게아 교회는 차지도 뜨겁지도 않았으며, 물질은 부유하나 영적으로 가난하였다. 일곱 교회 가운데 어떤 교회도 듣지 못한 예수님의 책망을 들어야 했다.

라오디게아 교회 터

03

사도 바울 전도여행지

골로새

골로새는 거대함이라는 의미를 지니고 있는 고대 도시로 현재는 터키의 하나스이다.

소아시아 남서부의 라오디게아, 히에라볼리와 함께 리쿠스 계곡에 위치하고 있다.

골로새에는 바울 시대에 세워진 골로새 교회가 있다. 신약 시대에 골로새를 중요하게 여기는 것은 바울이 에베소에서 3년간 전도하는 동안 회심한 에바브라가 골로새에 복음을 전한 일화 때문이다. 당시 연륜이 오래 되지 않은 골로새 교회는 이단들의 공격 대상이었다. 이에 에바브라는 로마의 바울을 방문하였으며, 이를 바로잡으려 바울은 골로새서를 쓰게 된다. 골로새서는 바울이 로마 옥중에 있을 때인 62년경 골로새로 가는 두기고 편에 서신으로 보낸 것이다.

골로새의 주요 산업은 직물업으로 '콜로시누스(colossinus)'라는 고유의 직물이 있을 정도로 유명하며, 해안에서 동쪽지방을 이어주는 무역로는 도시가 지속적인 발전을 하는데 큰 역할을 했다. 그러나 기원후 12세기에 터키의 침공으로 멸망하였으며 현재 유적으로는 아크로폴리스와 바위를 파서 만든 공동묘지 등이 발견되고 있다.

히에라볼리(파묵칼레)

히에라볼리는 라오디게아와 골로새 주변의 고지 위에 세워진 도시다. 히에라폴리스라고도 불렀는데 버가몬 왕국을 건설한 텔레포스가 아내의 이름인 "히에라"에서 따와 명명한 것이다. 이후 고대 로마의 지배를 받으면서 로마의 도시국가로도 도 번창했던 곳이다. 신약 성서의 골로새서 4장에서는 '히에라볼리(Hierapolis, 성스러운 도시)'로 언급하고 있으며, 지금은 터키의 '파묵칼레'이다. 기원후 60년 라오디게아와 함께 대지진으로 크게 파괴되었지만, 로마의 지원없이 스스로 재건한 도시다.

히에라볼리에는 비잔틴 문, 로마 목욕탕, 야외극장, 신전 터, 사도 바울의 기념교회 등의 유적이 남아 있으며, 한때 "네크로폴리스(죽은 자들의 도시)"라고 불렀던 것처럼 헬레니즘에서 비잔틴 시대까지의 석관묘 1,500기 정도가 있다. 또 온천이 발달한 도시로 광천수에 함유된 풍부한 칼슘이 공기와 만나 석회봉과 석회층을 만들어 절벽을 이루었는데, 마치 하얀 눈이 뒤덮인 성벽같은 장관을 볼 수 있다. 이를 아래에서 보면 마치 목화성 같아 '파묵칼레'라는 지금의 이름을 얻었다. 터키어로 '파묵(Pamuk)'은 목화, '칼레(Kale)'는 성이라는 뜻이다. 이곳에는 옛날 지진으로 인해 땅속에 묻히게 된 교회 위에 온천물이 흐르면서 생긴 야외 온천이 있는데, 이오니아식 기둥들이 온천장 바닥에 깔려있어 마치 고대의 온천에 온 것 같은 분위기를 연출한다.

히에라볼리는 87년경 빌립이 전도 활동을 하다가 도미티아누스(Domitian, Domitianus) 황제의 명으로 순교한 곳이기도 하다. 그는 십자가형을 받은 후 시체를 성 밖으로 던져졌다고 한다. 당시 이곳은 아폴로, 헤라클레스, 플루토 등 우상을 숭배하던 헬라인들의 뿌리가 깊은 곳이었을 뿐만 아니라 전통적이고 보수적인 유대인들의 세력이 강하였던 곳이었다. 그런 가운데 빌립은 굳건한 믿음을 지킴으로 그의 네 딸과 함께 순교를 당하게 된다. 성경에 의하면 이곳엔 기독교공동체도 있었던 것으로 짐작된다.

"그가 너희와 라오디게아에 있는 자들과 히에라볼리에 있는 자들을 위하여 많이 수고하는 것을 내가 증언하노라"(골4:13).

사도 빌립의 교회 터

히에라볼리 목화성(파묵칼레)

카파도키아

카파도키아(Cappadocia)는 '아름다운 말들의 땅'이라는 뜻으로 터키 중부에 있는 네브쉐히르(Nevsehir) 주와 그 주변에 걸쳐있는 지역이다. 오순절 성령강림 때 베드로가 설교를 했던 곳이기도 하다. 당시 그의 설교를 듣기 위해 많은 사람들이 모였고, 신자가 된 사람들도 있었다고 한다.

"베드로가 열한 사도와 함께 서서 소리를 높여 이르되 유대인들과 예루살렘에 사는 모든 사람들아 이 일을 너희가 알게 할 것이니 내 말에 귀를 기울이라"(행2:14).

이 지역에서는 로마의 탄압을 피해서 피난 온 초대 기독교인들이 숨어서 살았던 지하 도시와 동굴 교회가 여러 개 발견되었다. 지금까지 36개의 지하 도시가 발견되었는데, 그중 가장 깊은 곳은 데린구유(Derinkuyu)로 무려 18층에 달한다. 이곳은 약 280피트의 깊이로 20,000명 정도가 살았을 것으로 추정하고 있다. 기원전 8세기경부터 시작된 지하 도시 건설은 비잔틴 시대까지 이어져 계속 확대된 것으로 추정하고 있다. 학교, 외양간, 창고, 부엌, 예배실 등의 공동시설과 개인 및 가족용 침실 등, 그 규모와 다양성에서 단순한 땅굴이 아니라 그야말로 도시라고 해도 손색이 없다. 50개의 조붓한 환기용 수직 갱도 있으며, 거의 매 층마다 우물물을 길어 올릴 수 있는 별도의 수직 갱도 있다. 지하 도시에는 전체 1,000개의 초기 시대 동굴 교회와 10,000명을 수용할 수 있는 200개 정도의 지하처소가 있다. 카파도키아는 약 5천년 전부터 사람들이 거주한 흔적들이 있으며, 포도주저장소, 마구간, 새장, 음식물저장소, 피난처까지 손으로 파서 만든 흔적들도 있다.

성경에는 카파도키아가 두 번 언급된다. 예수님께서 부활 승천하신

카파도키아

후 약속하신 성령을 기다리던 사람들 중 카파도키아인이 나오며, 베드로가 각지 성도들에게 보낸 서신 중에 카파도키아에 보낸 기록이 있다. 당시 이곳에 다수의 기독교인이 살았다는 또 다른 증거이기도 하다.

"예수 그리스도의 사도 베드로는 본도, 갈라디아, 카파도키아, 아시아와 비두니아에 흩어진 나그네 곧 하나님 아버지의 미리아심을 따라 성령이 거룩하게 하심으로 순종함과 예수 그리스도의 피 뿌림을 얻기 위하여 택하심을 받은 자들에게 편지하노니 은혜와 평강이 너희에게 더욱 많을지어다"(벧1:1, 2).

이고니온(코니아)

성경에서 '이고니온'으로 언급된 지역은 터키의 중남부 지역에 있는 해발 3,280피트의 고지대에 있는 코니아라는 도시다. 이고니온은 초대교회 당시에 안디옥과 루스드라, 더베 등과 함께 복음 전파의 중심지였다. 사도 바도 바울이 믿음의 아들이라고 불렀던 디모데의 고향이기도 하다.

"이에 이고니온에서 두 사도가 함께 유대인 회당에 들어가 말하니 유대와 헬라의 허다한 무리가 믿더라. 그러나 순종하지 아니하는 유대인들이 이방인들의 마음을 선동하여 형제들에게 악감을 품게 하거늘 두 사도가 오래 있어 주를 힘입어 담대히 말하니 주께서 그들의 손으로 표적과 기사를 행하게 하여주사 자기 은혜의 말씀을 증언하시니"(사도행전 14:1-3).

사도행전을 기록한 누가는 이곳에서 사도 바울이 행하였던 치유 사건을 의사 입장에서 자세히 기록하고 있다. 치유 사건 당시 태양신 제우스를 섬기던 제사장은 바울을 전령의 신인 헤르메스(Hermes)라고 여겼으며, 바나바를 쓰스(Jeus, 제우스)라고 부르면서 그들에게 경배하려는 것을 간신히 만류한 일화가 있다.

이고니온은 소아시아 남부의 중앙으로 시리아에서 에페소와 로마로 가는 대로에 있는 만큼 예술과 정치, 학문과 문화가 발달한 도시다. 이곳은 빙글빙글 춤을 추며 비몽사몽간에 알라를 만난다는 이슬람교의 신비주의 종파인 메블라나 발상지로도 잘 알려져 있다.

역사적으로는 기원전 334~333년 알렉산더 대왕이 점령했으며, 이후 시리아 셀레우코스 정권의 버가몬 왕국이 차지했다가 기원전 133년 로마 공화국이 점령했었다. 11세기 이후에는 셀주크 터키의 수도가 되면서 이슬람의 문화만이 번성했다. 기독교 역사로는 그리스도를 믿고 세례를 받아 신앙생활을 하다가 믿음을 위해 박해와 순교를 당한 많은 성인들이 있으며, 특히 첫 번째 성녀인 테클라의 이야기가 전해 내려오는 곳이기도 하다. 현재는 기독교 문화가 거의 남아 있지 않지만 사도 바울의 기념성당, 아름다운 프레스코화가 장식된 기독교인공동체 암굴, 그

사도 바울 기념성당

메블라나 수도승의 춤

리고 이곳에서 5마일 정도 떨어진 곳에 헬레나 기념교회가 있다.

더베

더베는 고대 루가오니아인들의 마을이었으며 철기 시대와 헬라 시대에도 사람들이 거주했던 흔적이 있다. 초대 교회 시절에도 작은 마을이었는데, 중세 이후 지진 등으로 지금은 폐허가 된 조그만 언덕만 남아 있다. 그래선지 더베는 오랫동안 그 위치가 밝혀지지 않았다. 1957년에 이르러서야 케르티회육 근처의 아쉬란이란 마을에서 로마황제 안토니누스 피우스를 칭송하는 비문과 비잔틴 시대 더베의 주교 미카엘의 무덤 비석이 발견되면서 비로소 알려졌다. 이곳은 사도 바울이 두 번 방문해 많은 제자를 얻었으며, 가이오의 고향이기도 하다.

"바울이 더베와 루스드라에도 이르매 거기 디모데라 하는 제자가 있으니 그 어머니는 믿는 유대여자요 아버지는 헬라인이라"(행16:1).

안토니누스 피우스(Antoninus Pius)

로마제국의 제15대 황제(86년 9월 19일~161년 3월 7일)로 5현제(Five good emperors) 중 한 명으로 꼽힌다. 피우스는 '경건한 자'라는 뜻으로 원로원으로부터 주어진 존칭이다. 선제(先帝) 하드리아누스의 정책을 계승한 그의 치세는 대체적으로 평온하였다. 단지 군사 원정을 게을리해 인근 야만족이 세력을 키우는데 일조해 후대에 화근을 남겼다는 평가를 받는다.

루스드라

디모데의 고향인 루스드라는 더베와는 50마일, 이고니온과는 18마일 떨어진 곳에 있다. 양편의 두 도시를 연결하는 도로 외에는 그리 주목받지 못한 지역이다. 그러나 사실 현재의 루스드라 위치와 옛 기록의 위치가 같다고 장담 못하는 지역이기도 하다. 이곳 두 개의 강이 흐르는 언덕 위의 하툰사라이라는 마을에서 1885년 비석이 발견되는데, 루스드라라는 지명이 새겨져 있어 그렇게 추정할 뿐이다. 최근 이곳에서 1마일 정도 떨어져 있으며, 동굴교회 터가 있는 휘위귀 마을이 옛 루스드라로 보고 있는 학설이 지배적이다. 예전에는 로마황제 '아우구스투스'(Augustus)가 비시디아 안디옥 지역과 함께 이곳을 로마의 식민지로 지정했으며, 지금은 목동들이 양을 치며 살아가는 소박한 작은 시골마을이다. 이 마을은 1820년 발굴을 했으며 초대 교회 시절의 동굴 교회가 있다.

바울이 루스드라에 왔을 때, 나면서부터 발을 쓰지 못하는 앉은뱅이를 보고 그에게 구원받을 만한 믿음이 있다는 것을 알게 된다. 이에 바울은 그에게 큰 소리로 "네 발로 바로 일어서라"라고 외쳐 장애를 고친 표적이 나타났다(행14:8). 바울은 더베와 이곳을 두 번째 방문할 때는 디모데를 데리고 전도여행에 올랐다.

아우구스투스(옥타비아누스)

기원전 63년 9월 23일~기원후 14년 8월 19일. 로마 제국의 초대 황제(재위 기원전 27년~기원후 14년)다. 또한 로마제국의 첫 번째 황조인 율리우스 클라우디우스 왕조의 초대 황제이기도 하다. 본명은 가이우스 옥타비우스 투리누스(Gaius Octavius Thurinus)였으나, 카이사르의 양자로 입적된 후 가이우스 율리우스 카이사르 옥타비아누스(Gaius Julius Caesar Octavianus)로 불렸다. 기원전 44년 옥타비아누스는 자신의 외종조부뻘인 율리우스 카이사르가 암살되자, 유언장에 따라 카이사르의 양자가 되어 그 후계자가 되었다. 기원전 43년, 옥타비아누스는 마르쿠스 안토니우스, 마르쿠스 아이밀리우스 레피두스와 함께 군사 정권인 제2차 삼두 정치를 열었다.

다소

다소는 사도 바울이 태어나고 성장한 곳으로(행9:11) 현재는 타르수스라고 불리는 터키의 남동쪽 도시다.

"바울이 이르되 나는 유대인이라 소읍이 아닌 킬리키아 다소 시의 시민이니"(행21:39).

사도 바울의 출생 연대는 분명치 않으나 예수께서 탄생하신 몇 년 후에 태어난 것으로 추정한다. 그는 예수님의 충실한 종으로 살다가 기원후 67년에 로마에서 순교했다. 다소는 킬리키아 지역의 타우르스 산맥 남쪽 해안에 위치했으며 치두누스 강이 흐르는 비옥한 곳이었다. 산맥 북쪽 지역과의 통로로 유명한 킬리키아 관문이 이곳에 있다. 지금의 타르수스 인구는 약 8만 명이지만, 다소로 불리던 시절에는 인구 50만 명을 자랑하는 대도시로써 당시 지중해 지역의 가장 큰 도시였을 것이다.

실제로 다소는 로마 시대 킬리키아 지역의 정치적 수도였다. 또 지중해 연안에 있는 지리적 장점으로 무역과 상업이 번성했으며 요새화된 군사 도시었다. 한편 소아시아의 학문 중심지로 당시 아테네와 알렉산드리아를 능가하는 대학 도시로 꼽혔었다. 킬리키아산 아마를 원료로

사도 바울의 문

사도 바울 생가의 우물

한 직물업과 길리시움이라 불리는 염소 털을 이용한 천막제조업으로 유명하다. 바울의 아버지도 천막 제조에 종사했으며 바울도 천막 만드는 일을 하며 사역을 했다.

"생업이 같으므로 함께 살며 일을 하니 생업은 천막을 만드는 것이더라"(행18:3).

그러나 번성했던 도시는 지난 500년 간 이슬람의 지배 하에 있으면서 많은 유적이 묻히고 훼손되어 지금은 사도 바울의 문과 바울의 우물, 바울 기념교회 등만 남아 있다.

기원전 41년 클레오파트라가 로마의 장군 안토니우스에게 접근하기 위해 다소에 방문하여 두 사람의 낭만적인 만남을 꾀했다는 이야기도 전해진다.

안디옥

성경에는 안디옥이라는 지명이 두 군데가 나오는데 하나는 수리아 안디옥이고 또 다른 하나는 비시디아 안디옥이다. 수리아 안디옥은 지금 시리아와 국경을 맞댄 터키의 영토지만, 바울 시대에는 시리아의 땅이었다. 특히 터키 중앙의 높은 산지에 있는 비시디아 안디옥은 소아시아에 복음을 전하는데 중요한 역할을 한 도시다.

수리아 안디옥

기원후 64년 로마가 수리아 안디옥을 정복하면서 이 도시는 한때 로마, 알렉산드리아와 함께 로마제국의 3대 도시 중의 하나로 성장했다. 헬라와 동양의 교차점으로 상업이 번성했으며, 소아시아에서 가장 아름다운 도시로 꼽히기도 했다. 그러나 524년부터 580년 사이 일어난 네 차례의 지진과 아랍인들을 비롯한 주변의 침공으로 점차 쇠퇴하게 되었다. 지금은 터키의 '안타키야(Antakya)'라는 아주 작은 도시로 남아 있다.

사도행전 13장 1절에 안디옥 교회가 나오는데, 바로 이곳 수리아 안디옥에 있던 교회다. 스데반의 순교 후 예루살렘에 있던 많은 신자들이 유대교의 핍박을 피해 예루살렘에서 290마일 떨어진 이곳으로 피신했고, 그때 초대 교회인 수리아 안디옥 교회가 만들어졌다. 이후 이곳은 그리스도인 제2의 생활 중심지가 되었으며 이곳의 그리스도인들을 역사상 처음으로 '크리스천'이라고 부르게 되었다.

"만나매 안디옥으로 데리고 와서 둘이 교회에 일년간 모여 있어 큰 무리를 가르쳤고 제자들이 안디옥에서 비로소 그리스도인이라 일컬음을 받게 되었더라"(행12:26).

안디옥 크리스천들은 안디옥 동편 변두리의 실피우스(Silpius) 산 중턱에 있는 동굴교회에서 예배를 드렸다. 실피우스 산은 나무가 거의 자라지 않는 돌산으로 크고 작은 동굴들이 수없이 많이 있다. 수십 명이 함께 예배드릴 수 있는 큰 규모의 동굴도 있고, 동굴에 떨어지는 물로 세례를 주던 세례 터도 있다. 동굴의 안쪽 구석에는 예배 중 크리스천들을 박해하는 세력이 나타나면 몸을 피할 수 있는 작은 입구의 동굴도 있다.

베드로 동굴교회

비시디아 안디옥

지금은 터키의 작은 도시로 얄바츠(Yalvac)로 불리는 비시디아 안디옥은 터키의 정 중앙 지역의 고지대에 위치하고 있다. 이곳은 사도 바울의 이방 선교 출발점으로 알려져 있다. 이 지역 아고라에 있는 바울 교회에서 발견한 비문, 유대인 회당의 기록에 사도 바울과 바나바 일행이 비시디아 안디옥에서 복음을 전하였는 내용이 있다. 사도 바울은 '예수 그리스도를 믿는 믿음으로 의로워진다'는 설교를 하며 이곳에서 이방 선교에 헌신키로 결정한 것이다. 그런 점에서 비시디아 안디옥은 기독교 역사상 중요한 의미를 지니고 있다. 바울과 바나바가 1차 선교여행 중 이곳 회당에서 복음을 전할 때, 이를 시기한 유대인들에게 내쫓김을 당하기도 했지만 바울은 2차, 3차 선교여행에서도 비시디아 안디옥을 거듭 방문했다.

한편 1차 전도여행 때 동행했던 바나바의 조카 마가는 어떤 이유인지는 모르지만 중도에 도망가게 된다. 이 일로 2차 전도여행 때 다시 마가를 데리고 가자는 바나바와 사도 바울의 의견 대립으로 서로 갈라서는 계기가 된다.

"바울과 및 동행하는 사람들이 바보에서 배 타고 밤빌리아에 있는 버가에 이르니 요한은 그들에게서 떠나 예루살렘으로 돌아가고, 그들은 버가에서 더 나아가 비시디아 안디옥에 이르러 안식일에 회당에 들어가 앉으니라. 율법과 선지자의 글을 읽은 후에 회당장들이 사람을 보내어 물어 이르되 형제들아 만일 백성을 권할 말이 있거든 말하라 하니, 바울이 일어나 손짓하며 말하되 이스라엘 사람들과 및 하나님을 경외하는 사람들아 들으라. 이 이스라엘 백성의 하나님이 우리 조상들을 택하시고 애굽 땅에서 나그네 된 그 백성을 높여 큰 권능으로 인도하여 내사,

광야에서 약 사십 년간 그들의 소행을 참으시고 가나안 땅 일곱 족속을 멸하사 그 땅을 기업으로 주시기까지 약 사백오십 년간이라. 그 후에 선지자 사무엘 때까지 사사를 주셨더니, 그 후에 그들이 왕을 구하거늘 하나님이 베냐민 지파 사람 기스의 아들 사울을 사십 년간 주셨다가, 폐하시고 다윗을 왕으로 세우시고 증언하여 이르시되 내가 이새의 아들 다윗을 만나니 내 마음에 맞는 사람이라 내 뜻을 다 이루리라 하시더니, 하나님이 약속하신 대로 이 사람의 후손에서 이스라엘을 위하여 구주를 세우셨으니 곧 예수라"(행13:13-23).

바울 기념교회 터

원형경기장

당시 비시디아 안디옥에는 갈라디안인들이 주로 많이 살았다. '갈라디아서'는 특별히 이 지방 비시디아 안디옥에서 복음을 받은 자들을 위하여 쓰여진 편지다.

지금의 비시디아 안디옥은 로마 시대의 남아 있는 유적을 통해 지난날의 번성했던 도시임을 짐작해 볼 수 있다. 이 유적 발굴은 1913부터 약 10년간 부분적으로 진행되다가 1979년에 본격적으로 재개되어, 아우구스투스 신전, 야외 극장, 비잔틴 시대에 지은 사도 바울 기념교회 등을 세상에 다시 내놓게 되었다.

하란

하란은 터키의 우르파 시내에서 동남쪽으로 25마일 떨어져 있는 시리아와의 접경지인 인구 8천의 작은 도시다.

하란은 갈대아 우르를 떠난 아브라함과 데라 일족이 가나안 땅으로 가기 전 중간 기착지였다. 아브라함 무리는 무려 천 명이 넘는 터라 긴 여행을 위한 준비할 것이 많았고, 하란은 그런 점에서 최적지였다. 그런데 하란에 도착한 이들은 이곳의 화려한 문명과 풍요에 사로잡혀 터를 잡아 집을 짓고 영구 거주하게 된다.

하란은 5000년 전부터 사람이 살던 곳으로 기원전 1100년경의 아시리아의 티그라트 필레세르 1세의 비문에도 언급되며, 바벨론의 고대 문서에서도 자주 등장한다. 아브라함 시대에 것으로 추정되는 거주지 터가 지금도 남아 있다.

지중해와 팔레스타인, 메소포타미아를 잇는 주요 길목이라 오랫동안 무역과 문화의 중심지가 되어왔다. 메소포타미아 지역에서 하란은 상업, 문화, 종교적으로 매우 중요한 지역으로 아브라함 시대에는 메소포타미아 북부의 가장 번성한 도시였다. 이곳 사람들은 달의 신 '쉰'을 섬겼는데, 하란이 그 종교적 중심지이기도 했다.

"데라가 그 아들 아브람과 하란의 아들인 그의 손자 롯과 그의 며느리 아브람의 아내 사래를 데리고 갈데아인의 우르를 떠나 가나안 땅으로 가고자 하더니 하란에 이르러 거기에 거류하였으며 데라는 이백 오 세가 되어 하란에서 죽었더라"(창11:31-32).

밀레도

밀레도는 터키의 '라트미안(Latmian)만' 남부 해안에 위치하고 있다.

사도 바울은 3차 전도여행에서 마케도니아를 출발하여 예루살렘으로 가기 위해 이곳 밀레도를 방문했었다. 그리고 에베소의 장로들을 불러 이별 설교를 했던 곳이다.

"바울이 밀레도에서 사람을 에베소로 보내어 교회 장로들을 청하니 오매 그들에게 말하되 아시아에 들어온 첫날부터 지금까지 내가 항상 여러분 가운데서 어떻게 행하였는지를 여러분도 아는 바니 곧 모든 겸손과 눈물이며 유대인의 간계로 말미암아 당한 시험을 참고 주를 섬긴 것과 유익한 것은 무엇이든지 공중 앞에서나 각 집에서나 거리낌이 없이 여러분에게 전하여 가르치고 유대인과 헬라인들에게 하나님께 대한 회개와 우리 주 예수 그리스도께 대한 믿음을 증언한 것이라"(사도행전 20:17-21).

고대부터 항구였던 밀레도는 기원전 7세기에는 그리스 예술과 철학의 중심지였으며, 최초의 그리스 철학자 탈레스의 고향이기도 하다. 그

미가엘 교회 터

로마 목욕탕 터

후 리디아 왕국의 확장으로 기원전 494년에 성읍이 파괴되고 신전은 약탈당해 소실되었다. 하지만 기원전 334년 알렉산더 대왕이 밀레도를 정복한 후 무역항으로 다시 번영을 이루게 되었다. 그러나 마이안테르 강의 퇴적물이 쌓이면서 항구의 기능을 잃어버리면서 점점 몰락하게 된다.

현재 이곳에는 로마 시대 야외극장을 비롯하여 이오니아식 상점 터와 파우스티나 목욕탕 및 아고라, 헬라 시대의 상점 터, 사자석상, 체육관, 분수대 등 수많은 유적이 남아 있다. 특히 아르테미스 신전, 세라피스(Serapis) 신전, 델피 신전 등 여러 신전 터와 미가엘 교회, 회교 수도승 집회소 등도 일부 남아 있다.

앗달리아

앗달리아는 사도 바울과 실라가 1차 전도여행을 마치고 수리아 안디옥으로 가는 길목에 들린 곳이다. 초기 기독교 시대의 주요 중심 도시로 예부터 아름다운 해변으로 유명하다. 현재 터키 최대 관광 도시이며 터키에선 '안탈리아'라고 부른다.

기원전 145년경 버가모의 왕 아탈로스 2세가 '아탈로스의 도시'라는 뜻의 앗달리아로 이름 지었다. 소아시아 남서쪽 해안에 위치한 항구 도시로 밤빌리아 지역의 관문 역할과 함께 이곳에서 7마일 떨어진 버가의 외항 기능도 했다. 에베소와 서머나로 향하는 교역로와 연결되어 있고 시리아와 이집트로 가는 길목에 있어 꽤 번영을 누린 도시다. 그러나 외부의 침략도 많이 받은 곳이다. 페르시아, 마케도니아, 시리아의 셀류커스 왕조, 앗달리드, 로마 등의 거듭된 침공으로 도시의 부침이 심했다. 그만큼 다양한 시대의 유적이 많다. 헬레니즘 시대의 방어 시설물들의

하드리아누스의 문

잔재가 아직 남아 있고, 항구를 둘러싼 성벽의 잔재가 있다. 남아 있는 성벽 대부분은 로마 시대에 건설된 것이라고 한다. 가장 역사적 의미가 갖고 인상적인 유적은 고대 하드리아누스가 세운 고딕 스타일의 아치형 문과 수로다.

"비시디아 가운데로 지나서 밤빌리아에 이르러 말씀을 버가에서 전하고 앗달리아로 내려가서 거기서 배를 타고 안디옥에 이르니 이곳은 두 사도가 이룬 그 일을 위하여 전에 하나님의 은혜에 부탁한 곳이라"(행 13:24-26).

무라

사도 바울이 레바논의 시돈을 떠나 로마로 압송될 때, 알렉산드리아

배를 승선한 곳은 무라라는 항구였다. 당시의 무라는 로마제국의 꽤 중요한 항구 도시였으며 루기아 지방의 수도였다.

그런데 당시의 무라 항과 지금의 무라 항은 위치가 조금 다르다. 성경에 나오는 무라는 현재의 무라에서 약 2마일 떨어진 안드리아케라는 곳에 있었다. 니콜라스 성인이 무라에서 사역한 터라 지금도 니콜라스 교회와 많은 석묘 유적이 있다.

"킬리키아와 밤발리아 바다를 건너 루기아의 무라 시에 이르러"(행 27:5).

니콜라스
Saint Nicholas of Myra(270년 3월 15일~343년 12월 6일). 3세기~4세기 동로마 제국에서 활동하였던 기독교의 성직자로, 산타클로스의 유래가 된 인물이다. 소아시아 루기아 지방의 바다라에서 태어났다. 매우 유복한 집안이었지만 부모를 일찍 여의고, 막대한 유산을 모두 가난한 사람들의 자선활동에 사용하였다. 기독교를 만나 신부가 되었고 루기아 지방의 무라에서 사역하였다.

바다라

3차 전도여행에서 예루살렘으로 돌아가기 위해 로도 섬을 떠난 사도 바울은 터키의 항구 바다라를 경유해 레바논의 베니게를 거쳐, 또 배를 타고 두로와 이스라엘의 악고를 지나 가이사랴에서 하선했다고 기록한다. 기록에서 보듯 그때의 바다라는 버젓한 항구였으며, 실제로 꽤 번성한 곳이었다. 그러나 지금은 퇴적물이 쌓여 항구의 기능을 잃고 큰 모래사장을 가진 해변이 되어 있다. 단지 그 시기의 성벽과 목욕탕 터 그리고 극장의 유적들이 남아 옛 모습을 그려볼 수 있다. 앞에서 언급한 니콜라스 성인의 출생지이기도 하다.

"우리가 그들을 작별하고 배를 타고 바로 고스로 가서 이튿날 로도에 이르러 거기서부터 바다라로 가서"(행21:1).

버가

버가는 앗달리아 항구에서 6마일 정도 떨어져 있는 내륙의 성읍이다. 북쪽에는 바위산이 버티고 있어 적의 침입으로부터 안전한 지역이다. 사데와 앗달리아 항을 연결하고 갈라디아 지방으로 가는 연결 도시로, 바울과 바나바 일행이 1차 전도여행 중 비시디아 안디옥 등을 오가며 들렀던 곳이기도 하다. 기원전 2세기부터 기원후 276년까지 자체 동전을 주조해 사용할 정도로 번성했던 도시로 남아 있는 유적도 꽤 많다. 마을

성문 유적

전체가 보이는 높은 성벽과 두 개의 성문 유적이 있으며, 비잔틴 시대의 교회, 2세기에 건축된 12,000명을 수용할 수 있는 경기장 터, 또 헬라 시대의 유적들도 성 안팎에 남아 있다.

트로아스

트로아스는 흔히 트로이로 불린다. 터키에는 이 지명이 두 곳에 있어 꽤 혼동하기도 한다. 게다가 두 곳은 9마일 정도밖에 안 떨어져 있다. 하나는 우리에게 '트로이 전쟁'으로 유명한 곳이며, 다른 하나는 성경에 여러 차례 언급되는 안티고니아가 건설한 안티고니아 트로아스다.

바울은 성경의 트로아스를 두 차례 방문한다. 첫 번째는 실라, 디모데와 함께 2차 전도여행 중 비두니아에 복음을 전하기 위해 길을 나섰다가, 성령이 허락지 않아 방향을 바꾸어 무시아를 지나 드로아로 오게 되었다. 그때 밤에 마케도니아 사람 하나가 그를 청하여 우리를 도우라는 환상을 겪고, 네압볼리를 거쳐 빌립보에서 복음을 전하게 되었다(행

드로아 성 앞 길

16:6-13). 두 번째 방문 때는 3차 전도여행 때다. 그는 이곳에서 한 주간을 보내며 말씀을 전했는데, 방문 마지막 날 밤에 강론을 하는 중 졸음을 이기지 못한 유두고라는 청년이 3층 창문 밖으로 떨어져 죽고 만다. 이때 바울이 그를 다시 살려내는 기적을 이룬 곳이기도 하다(행20:7-12).

트로이 전쟁은 고대 그리스의 서사시인 호머가 쓴 '일리아드'와 '오디세이'에 나온다. 이 서사시는 10년 동안 치러진 트로이 전쟁의 마지막 51일 간의 기록이다. 기원전 1100년경에 있었던 고대 그리스와 트로이와의 전쟁을 신(神)과 사람이 섞여 싸우는 내용의 신화적 이야기다. 그러나 1871년 독일의 고고학자 하인리히 슐레이만이 트로이의 발굴에 성공하면서, 신화를 넘어 실제 있었던 전쟁임이 밝혀졌다.

트로이 목마

노아의 방주와 아라랏 산

아라랏 산은 터키에서 가장 높은 산으로 이란과 아르메니아와의 접경지대에 있다. 아르메니아 고원에서 돌출한 해발 16,900피트와 12,600피트의 두 개의 봉우리가 있는 활화산이다.

특히 창세기의 노아의 방주가 대홍수 끝에 도착한 곳으로 알려져 있어, 지금까지도 방주를 찾기 위한 탐험가들이 많이 온다. 실제로 지난 수백 년 전부터 이곳에서 노아의 방주를 목격했다는 설이 끊이질 않는다.

일부에서는 방주의 나무 잔해 등을 발견했다고 주장하기도 한다.

이 지역은 예언자 예레미야가 바빌론에 관해 예언할 때 언급되기도 한다. 또 아시리아의 왕 산헤립의 두 아들이 아버지를 죽이고 도피한 장소다. 성경에서 노아가 처음 포도 재배를 한 사람이라고 나오듯이(창 9:20) 아라랏 산 주변 지역은 포도의 원산지이기도 하다.

"일곱째달 곧 그달 열이렛날에 방주가 아라랏 산에 머물렀으며"(창 8:4).

3

그리스의 성지

아덴(아테네)

사도 바울 전도여행지

그리스의 공식 국호는 '엘라다 공화국'이다. 역사적으로 헬라, 헬라스라고도 불리었는데, 엘라다도 여기서 비롯되었다. '헬리니즘' '희랍(希臘)'의 어원도 마찬가지다. 국토 면적은 한반도의 2/3 정도이며 남유럽 발칸 반도 남쪽 끝에 있다. 언어는 그리스어를 사용하고 수도는 아테네, 지중해성 기후로 여름에는 많이 더운 편이지만 대체적으로 온난 건조하다. 국토의 70% 이상이 산악지형이라 고대 헬라 시대에는 아테네, 스파르타 등 여러 도시국가로 나눠져 발전해 왔다. 해안선의 길이가 세계 11위로 8,600마일이며 1,400여개의 섬이 있고 에게 해, 이오니아 해, 지중해 등 여러 바다와 접해 있어 해상 교통이 발달한 해양 강국이다. 터키와 인접해 있지만 지형적으로는 유럽에 속한다. 그리스는 초기 기독교사에서도 아주 밀접한 관계를 맺고 있다. 사도 바울이 유럽에 최초로 도착한 곳도 그리스 북쪽의 네압볼리 항구다. 성경의 아덴, 고린도, 테살로니카, 빌립보, 암비볼리 등의 도시와 밧모, 사모, 고스, 기오 등의 섬 등 무수히 많이 나오는 곳이 모두 그리스 지역이다. 종교의 자유가 있지만 거의 국교화된 정교회 신자가 대부분이다.

사도 바울이 그리스를 처음 방문했을 때 도시 곳곳마다 우상이 있어 매우 실망했다. 복음을 전하면서 그곳 사람들과 논쟁도 많았던 모양이다.

"회당에서는 유대인과 경건한 사람들과 또 장터에서는 날마다 만나는 사람들과 변론하니"(행17:17)

서구 철학의 근본인 그리스의 철학자들과도 하나님의 심판과 예수 그리스도의 부활을 설명하며 정연하게 논증하였지만, 소수의 사람들만 복음을 받아들인다.

"몇 사람이 그를 가까이하여 믿으니 그 중에는 아레오바고 관리 디오누시오와 다마리라 하는 여자와 또 다른 사람들도 있었더라"(행17:34).

01

아덴

아테네

아덴은 한때 로마, 알렉산드리아와 함께 세계 3대 도시 중 하나로 꼽혔으며, 현재는 그리스 수도인 아테네이다. 그리스 로마 신화의 제우스의 딸로 지혜와 전쟁의 신인 아테나에서 그 이름이 유래되었다.

잘 알려진 대로 아테네는 소크라테스, 그의 제자 플라톤 등을 배출한 학문의 도시로, 서구 철학과 예술, 문학 등 문화 전반의 근본이자 정신적 고향이라 할 만한 곳이다.

하지만 초기 기독교 시절에는 수많은 신전과 3만 개 이상의 신상이 즐비했던 우상숭배의 도시이기도 했다. 사도 바울은 2차, 3차 전도여행 중 이곳에 들러 복음을 전하였으며, 주로 아고라라는 광장에서 활동했다. 아고라는 광장 민주주의, 즉 그리스식 직접 민주주의가 태동한 공간이다. 아테네의 시민들은 아고라에서 재판도 열고, 시장도 보고, 공동체에 관한 여러 가지 결정을 내렸다. 아고라의 열띤 토론과 유세, 투표 등은 현대식 민주주의의 시초가 되었다.

사도 바울의 설교문

바울은 2차 전도여행 때 아테네의 아레오바고 언덕에서 하나님은 창조자이시며 모든 인간은 신상을 섬겨서는 안된다고 설교했다(행17:22). 또 이곳의 에피쿠로스학파와 스토아학파 철학자들과 부활에 관해 논쟁을 벌였으며, 이런 활동은 아테네와 유럽에 복음을 전하고 전도의 기반을 만드는 계기가 되었다.

5,000년 전부터 인간이 거주한 아테네는 도시 전체가 유적지라고 할 만큼 무수한 문화유산이 많다. 기독교의 유적도 꽤 있는데 아레오바고 언덕을 내려가는 길 오른쪽 바위에는 사도 바울의 설교문이 조각되어 있고, 아고라 터 옆에는 사도 바울의 설교를 듣고 처음으로 복음을 받아들인 디오누시오의(행17:34) 기념교회가 세워져 있다. 훗날 이 교회가 크게 왕성하여 디오누시오가 1대 감독이 되었다.

아크로폴리스

아테네의 가장 높은 곳에는 아크로폴리스가 있다. 이곳에는 유네스코 지정문화재 1호인 파르테논 신전, 제우스 신전, 근대 올림픽 경기장 등 역사, 건축학 등에서 매우 가치 있는 유산들이 즐비하다. 기원전 6세기경 아테네의 바위지대 위에 요새로 세운 곳으로 그리스어 '아주 높다'의 아크론과 '도시'의 폴리스라는 단어가 합쳐져 아크로폴리스가 되었다. 고대에는 최초의 아테네의 왕 케크롭스 1세의 이름에서 연유한 케크로피아라고 불렀다고 한다. 케크롭스 1세는 반은 인간이지만 반은 뱀의 몸을 하고 있는 전설속의 인물이다.

그리스에는 많은 아크로폴리스가 존재하지만 이곳 아크로폴리스가 대표성을 갖고 있다. 기원전 5세기에 페리클레스의 지시로 이곳에 파르테논 신전을 비롯해 프로필라이아, 에레크테이온, 아테나, 니케의 신전 등을 건설했다. 그중 세계인에게 가장 사랑받는 유적은 단연 파르테논 신전이다.

아크로폴리스 전경

파르테논 신전

유네스코 지정문화재 1호로 등록되어 있는 파르테논 신전은 아테네 여신에게 봉헌한 건축물이다. 조각가 피아디아스가 감독하고 건축가 익티노스와 칼리크라테스가 9년 만에 완성했다. 46개의 도리아식 기둥이 건물을 떠받치고 있는데, 모든 기둥은 안쪽을 중심으로 살짝 기울어진 모양이다. 기울어진 기둥들을 자세히 살펴보면 모두 하나의 소실점에서 만나는데, 소실점까지 가상의 선을 그리면 3,100피트에서 하나의 점으로 만난다고 한다. 이는 당시 건축학과 수학이 얼마나 발달했는지를 짐작할 수 있다. 그러나 실은 지금 우리가 볼 수 있는 이 건축물은 최초의 파르테논 신전은 아니다. 기원전 480년 페르시아의 침공으로 원래의 것은 파괴되었다가 50년 후 다시 재건한 것이 오늘날에 이르고 있다. 6세기 즈음 이 신전은 성모 마리아에 봉헌한 기독교 교회로 사용했다가 오스만제국이 점령한 1460년경에는 이슬람의 모스크로 쓰이기도 했다. 또 지금의 모습은 재건 당시에 비해 많이 훼손된 상태다. 1687년 9월 26일, 신전 안에 쌓아놓은 오스만 투르크의 화약 더미가 베네치아군의 공격으로 폭발하면서 신전과 그 조각물이 크게 파괴되었기 때문이다. 게다가 1806년 오스만제국의 허가를 얻은 스코틀랜드 출신의 영국 남작 엘긴이 폭발로 파괴된 신전의 잔해와 일부 조각들을 떼어내 십년 후 런던의 대영박물관에 팔아버렸다. 지금 대영박물관에 있는 신전의 일부 조각과 카리아티드스의 여인상의 기둥은 그때 반입한 것이다. 그리스 정부는 이의 반환을 계속 요청 중이기도 하다.

파르테논 신전

제우스 신전

제우스 신전은 총 104개의 코린트식 석주로 만들어진 아름답고 위용이 있는 모습이었다고 한다. 그러나 오늘날에는 15개 기둥만 남아 있다. 이 신전도 기원전 515년 참주 정치로 황제가 된 페이시스트라토스에 의해 건축이 시작되었지만 당시에 완성하지 못했다. 기원전 2세기에 공사를 재개했지만 그때도 공사 책임자의 사망으로 중단되었다가 기원후 2세기에 로마 황제 아드리아누스에 의해 완공되었다. 이로써 로마제국 시대의 가장 규모의 큰 신전이 되었다.

올림픽 경기장

아테네 중심인 신타그마 광장 뒤편에는 근대 올림픽 경기장이 있다. 1896년 제1회 근대 올림픽이 개최되었던 역사적인 장소다. 그러나 경기장으로써 이곳의 역사는 한참을 더 올라간다. 기원전 331년에 이미 아테네 대축제 경기장이었으니 말이다. 이때 로마의 대부호 이로테스 아티쿠스가 대리석으로 만든 객석을 기증했으나 근대에 이르러 남아 있는 것이 없었는데, 첫 근대 올림픽을 앞두고 알렉산드리아의 부호 아베로프의 후원으로 5만 명을 수용하는 관중석을 고대의 경기장과 비슷한 대리석으로 복원했다. 지금 경기장 앞에는 이를 기념하는 아베로프의 동상이 서 있다.

02

사도 바울 전도여행지

고린도

고린도는 기원전 1800년경부터 페니키아인들과 교역을 하며 차츰 발전했다. 기원전 1600년부터 약 500년간 미케네 문명을 이룬 도시였으며, 기원전 900년경부터는 도리아식 문화의 유입으로 상업이 급속도로 발전하다가 기원전 5세기에는 그리스 지역의 꽤 영향력 있는 도시국가가 되었다. 기원전 330년경 마케도니아의 왕 알렉산더 시대에 전성기를 누리다가 기원전 146년 로마에 의해 점령당하고 만다. 이때 도시가 많이 파괴되었지만 줄리어스 시저와 아우구스투스 시대에 다시 복구되었다. 그리스 본토와 펠로폰네소스 반도 사이를 연결하는 3.5마일의 지협에 걸쳐 있어, 그리스 외의 지역과도 연결점이 되어왔다.

근대에 이르러 1858년과 1928년, 두 차례의 대지진으로 옛날의 도시는 완전히 파괴되어 지금은 파레오 고린도, 즉 옛 고린도 지역에만 고대의 유적들이 남아 있다. 신 고린도 지역에는 사도 바울이 세운 교회가 있었으나 대지진 때 무너졌고, 그 자리에 다시 세운 사도 바울 기념교회가 있다. 이 교회에는 고린도전서 13장의 1~8절의 말씀을 헬라어로 새긴 석비가 세워져 있다.

사도 바울은 두 번째 전도여행에서 만난 아굴라와 브리스길라와 함께 기원후 50~52년, 고린도에 체류하며 복음을 전하고 교회를 세웠다. 로마의 반 유대정책을 피해 이곳으로 이주한 2만 5천 명의 유대인들이 바울의 전도 대상이었으며, 이때 고린도전서와 고린도후서를 쓴 것이다. 로마서도 그의 세 번째 전도여행 중인 기원후 57년에 이곳에 3개월 정도 머물며 쓴 것이다. 서간 형식의 로마서는 겐그리아 교회의 여집사였던 뵈뵈가 로마의 그리스도인에게 전하였다.

고린도에는 약 12개 정도의 신전이 있었다. 그중 산꼭대기에 있는 "아크로 코린트"에는 기원전 7~6세기에 지은 사랑의 여신 아프로디테 신전과 약 1.2마일에 이르는 성벽이 남아 있다. 일명 비너스로 알려진 아프로디테 신전에는 그리스 각지에서 선발된 아름다운 제녀들이 천 명 정도가 머물렀다고 한다. 이들은 제례의식을 돕는 일을 했지만, 고린도가 성적으로 타락하는 근원이 되었다고 한다.

그 외에도 고린도에는 도리아식 석주 38개로 지은 아폴로 신전은 지금은 7개의 석주만 남아 있는 모습이며, 옥타비안 신전, 헤라 신전, 피레네의 샘, 별장과 극장, 상점과 목욕탕, 그릇을 제조하던 곳, 단련장과 개선문 등이 남아 있고, 사도 바울이 재판을 받았던 비마(Bema)가 있던 곳도 발견되었다.

"사랑은 오래 참고, 사랑은 온유하며, 시기하지 아니하며, 사랑은 자랑하지 아니하며, 교만하지 아니하며, 무례히 행하지 아니하며 자기의 유익을 구하지 아니하며 성내지 아니하며 악한 것을 생각하지 아니하며 불의를 기뻐하지 아니하며 진리와 함께 기뻐하고 모든 것을 참으며 모든 것을 믿으며 모든 것을 바라며 모든 것을 견디느니라"(고전14:4-7). "그런즉 믿음, 소망, 사랑, 이 세 가지는 항상 있을 것인데 그 중의 제일은 사랑이라"(고전14:13).

고린도 아폴로 신전

아크로 고린도

겐그레아

겐그레아는 바울이 서원으로 머리를 깎은 곳이다(행18:18). 신화 속의 포세이돈과 페이레네의 아들인 켄크레아스가 도시를 세운 것에서 지명이 유래되었다고 한다. 고린도에는 두 개의 외항이 있는데, 동남쪽으로 5마일 떨어진 겐그레아는 아시아와 아테네를 연결하는 항구이고 서쪽의 레카이온은 로마를 연결하는 항구였다. 현재 겐그리아의 언덕 위에는

겐그레아 항구

옛 성벽 잔해가 남아 있으며 바울이 머리를 깎은 회당의 흔적이 바다에 잠긴 채로 남아 있다.

데살로니가

데살로니가는 기원전 315년 마케도니아의 왕 카산드로스가 세운 도시로 그의 부인이자 알렉산더의 이복누이인 테살로니카의 이름을 따 명명했다. 현재는 그리스 제2의 도시로 테살리니키로 부른다.

이 도시는 알렉산더의 헬라제국 때부터 발전했던 지역으로 로마 시대에는 마케도니아 지역의 수도가 되었다. 상업과 군사적으로 큰 역할을 하던 에그나티아 가도는 로마와 터키까지 잇는 주요 도로였는데, 데살로니가는 이 길의 연장에 있는 항구 도시였다. 기원전 42년 안토니우스와 옥타비아누스를 적극 지원해, 자치 도시의 지위를 얻어 무역과 철학의 중심도시로 발전하였다. 사도 바울은 실라와 디모데와 함께한 2차 전도여행에서 빌립보와 압비볼리, 아볼로니아를 거쳐 이곳 데살로니가에 도착해 교회를 세우고 복음을 전하였다. 그 결과 유대인 일부와 많은 헬라인 개종자들이 바울과 실라를 따랐으며, 그들 중에는 귀부인도 꽤 많았다(행17:1-4). 그러나 많은 유대인들의 배척으로 이곳을 떠나게 된다. 그 후 고린도로 간 바울은 데살로니가 교인들에게 두 통의 편지를 보낸다. 하나는 교인들을 칭찬함과 더불어 이교도가 많은 곳이지만 흔들리지 말고 신앙 안에서 견고히 서라는 "데살로니가전서"였으며, 또 다른 하나는 더욱 인내하고 부지런함으로 열심히 일하라고 간청한 "데살로니가후서"였다.

데살로니가에는 비잔틴 시대에 세워진 역사적인 교회들이 많이 남아 있다. 그중 대표적인 교회는 성 드미트리우스 교회다. 이 교회는 콘스탄티누스 황제가 기독교 공인 전에 순교한 드미트리우스를 기리기 위해 기원후 410년에 건축되었다. 교회 안에는 드미트리우스의 유해를 모신 관이 있다. 1917년 데살로니가 대화재 때 이 교회도 크게 소실되었으나, 지하 부분은 원형이 잘 남아 있어 1948년 복원되었다. 한편 비잔틴 시대 건축물인 화이트 타워는 아직도 건재해 이 도시의 상징물로 남아 있다.

드미트리우스의 관

화이트 타워

베뢰아

베뢰아는 데살로니가 남쪽으로 약 35마일 떨어진 페르미온 산기슭의 조그마한 도시다. 고대 그리스, 로마 시대에 도시가 형성되었으며, 사도 바울과 실라, 디모데가 2차 전도여행 때 이곳에서 복음을 전했다. 그들은 데살로니가에서 밤에 도망하여 베뢰아로 왔다고 하는데, 이곳 유대인들은 데살로니가 사람들과 다르게 열린 마음으로 이들의 설교를 잘 받아들였다고 한다. 성경도 상고하여, 많은 남자 신자와 헬라의 귀부인들까지 신자가 되었다(행17:10-12). 그러나 데살로니카의 유대인들이 이곳까지 좇아와 바울 등을 박해하여 바울은 아덴으로 떠나게 된다. 그러나 실라와 디모데는 이곳에 남았다.

암비볼리

성경에는 바울이 빌립보 감옥에서 석방된 후 형제들을 위로하고 데살로니가로 가는 도중, 아볼로니아와 함께 암비볼리를 다녀갔다는 기록이 있다.

"그들이 암비볼리와 아볼로니아로 다녀가 데살로니가에 이르니 거기 유대인 회당이 있는지라"(행17:1).

그 암비볼리(Amphipolis)는 빌립보에서 남서쪽으로 40마일, 에게 해 연안으로 3마일 정도 떨어진 스트림몬강 유역의 도시다. 기원전 437년 니키아스의 아들 아고나스 장군에 의해 건설되었으며, 기원후 68년에 로마제국이 점령했다. 빌립보와 데살로니카를 연결하는 에그나티아 가도의 교통 요충지이자 물도 풍부해 마케도니아의 첫 수도가 되었다. 당시에는 마차 경기장과 공회당까지 있는 큰 도시였으나, 지금은 도시 북쪽의

암비볼리 초기 기독교 유적

암비볼리 사자상

680피트 정도의 성벽과 두 개의 전망대만 보존되고 있다. 또 에그나티아 가도에는 이 도시를 상징하는 사자석상이 있다. 이 석상은 기원전 4세기 트로이의 왕 라오메돈의 무덤 앞에 있던 것으로, 강가에 버려진 채 있던 것을 그리스와 영국의 군인들이 발견해 이 자리에 놓이게 되었다.

아볼로니아

아볼로니아는 기원전 432년에 건설한 볼레 호수 남쪽의 고대 도시다. 로마제국 때부터 군사적 요충지가 되어 비잔틴 시대, 오스만 터키 시대에도 주요 도시로 꼽혔다. 궁전, 원형극장, 시장터 및 공중목욕탕 등의 흔적들은 예전의 영화를 엿볼 수 있다. 그러나 지금은 인구 500명의 아주 작은 시골마을로 바울이 설교했던 돌로 만든 강단이 남아 있다.

니키아스는 기원전 470년 태어난 고대 아테네의 정치인이자 장군이다. 아테네의 부유한 귀족 가문 출신으로 기원전 429년 페리클레스가 죽자 클레온과 민주정 파벌의 경쟁자가 되었다. 온건한 정치인으로 스파르타와 평화롭게 지내는 것이 그의 정치적 입장이었다고 한다. 이후 시켈리아 원정의 지휘관으로 참전했으나 패배하였고, 기원전 413년 포로가 되어 시칠리아의 시라쿠사 인근의 채석장에서 처형당했다.

빌립보

빌립보는 아시아와 로마를 연결하는 에그나티아 대로 가까운 곳에 있다. 알렉산더 대왕의 아버지인 빌립 2세가 도시를 건설하고, 자신의 이름을 따 빌립보로 명명했다. 그는 기원전 358년, 금광을 개발하기 위해 많은 사람들을 이곳으로 이주시켜 도시의 틀을 잡았다.

알렉산더 대왕 때 더 번성하던 이 도시는 기원전 168년, 로마의 통치를 받게 된다. 기원전 42년 안토니우스와 옥타비아누스의 군대가 부르투스의 군대를 빌립보 근방에서 격퇴한 후 이곳을 군사기지로 삼기도 했다. 그러나 비록 로마의 식민지로 전락했지만, 로마의 간섭을 받지 않는 행정특구가 되어 세금도 면제받고 로마 시민과 같은 법적 평등을 누렸다고 한다. 사도 바울과 실라는 기원후 49년 2차 전도여행 중 네압볼리를 거쳐 빌립보로 들어왔다. 바울은 원래 아시아로 가려 했으나 성령이 허락하지 않았다. 그래서 비두니아로 목표를 바꾸었으나 또 성령이 막아섰고, 드로아에서 마케도니아 사람의 손짓을 환상으로 보고 이곳으로 온 것이다. 사도 바울은 이곳에서 귀신들린 여종을 구해주는 사건으로 감옥에 갇혀 고초를 겪었으며(행16:22-23), 강가에서 만난 옷감장사 루디아에게 복음을 전했다는 기록이 있다. 빌립보는 유럽대륙에서 처음으로 기독교를 전한 곳이며, 바울과 루디아가 세운 유럽 최초의 교회가 세워진 곳으로 기독교 역사상 큰 의미를 지닌 도시이기도 하다. 이

빌립보 유적

후 빌립보 교회는 감독과 장로, 집사들이 잘 조직된 교회로 성장했으며, 에바브로디도와 글레멘드 등 훌륭한 지도자를 배출하기도 했다(빌2:25, 4:3). 바울도 빌립보 교회에 각별한 애정이 있었다. 그의 3차 전도여행 때도 두 번씩이나 방문했고, 또 성도들도 로마 감옥에 있던 바울에게 물질적인 도움을 주었다(빌4:15-18). 이때 성도들의 물질을 전달한 사람은 에바브로디도로였다. 당시 감옥에 있던 바울이 빌립보 교회에 보낸 편지가 빌립보서다.

빌립보에는 기원전 4세기에 건설된 아고라와 신전, 로마 시대의 극장과 두 개의 바실리카 유적 등 도시 유적이 남아 있다. 기독교 유적으로는 바울과 실라가 갇혔던 것으로 추정되는 감옥, 루디아의 세례 터, 그리고 1973년에 지은 루디아 기념교회가 있다.

루디아 기념교회

세례 터

네압볼리

네압볼리는 마케도니아 빌립보에 속한 항구였다. 2차 전도여행 중이던 바울이 유럽 땅에 처음 발을 디딘 곳이다. 비잔틴 시대인 기원후 350

년에 빌립보 주교가 그리스도의 도시라는 의미의 크리스토 폴리스로 개명되었다, 1387년 오스만제국이 점령한 후 까발라로 바뀌어 오늘에 이르고 있다.

"우리가 드로아에서 배로 떠나 사모트라케로 직행하여 이튿날 네압볼리로 가고"(행16:11).

이곳에는 바울의 도착을 기리는 '바울 기념교회'가 두 곳이나 있다. 한 곳은 항구 부근에 있고, 다른 곳은 항구에서 조금 떨어진 언덕에 있다. 항구 부근의 교회는 '성 조지 교회'이며, 남쪽 입구 대리석 구조물에 모자이크로 바울이 이곳에 오는 장면을 그린 두 장면의 성화가 있다. 좌측엔 "밤에 환상이 바울에게 보이니 마게도냐 사람 하나가 서서 그에게 청하여 이르되 마게도냐로 건너와서 우리를 도우라하거늘"(행16:9)이란 내용을 그린 것이며, 우측엔 바울이 네압볼리에 도착하여 상륙하는 장면이다. 유적으로는 이곳 파니가아 언덕에 6세기경 비잔틴 황제 저스티니안 1세가 세운 성벽이 남아 있다. 이 성벽은 8세기에 불가리아인들의 침공을 저지하기 위해 더욱 견고하게 지었다고 한다. 네압볼리는 1185년 노르만의 침공으로 도시가 불탔으나 오스만제국이 재건했다고 한다.

사도 바울 기념교회

수도교

니고볼리

니고볼리라는 이름을 가진 도시는 바울 시대에는 여러 곳이 있었다. 그중 성서에 기록된, 바울이 겨울을 보내기로 한 니고볼리는 그리스 서쪽 해안 에피루스 지역의 니고불리가 가장 유력하다.

"내가 아데마나 두기고를 네게 보내리니 그 때에 네가 급히 니고볼리로 내개오라 내가 거기서 겨울을 지네기로 작정 하였노라"(디도3:12).

승리의 도시라는 의미의 니고볼리는 기원전 31년 옥타비아누스는 악티움 근처에서 벌어진 해전에서 안토니우스와 클레오파트라에게 승리를 거뒀다. 이를 기념하기 위해 그는 니고불리를 건설하고 에피루스 지역의 수도로 삼았다. 악티움 경기도 아폴로 신에게 승리의 영예를 돌리기 위해 그가 이때 제정한 것이다. 로마군의 야영지를 중심으로 도시를 건설했으며, 옥타비아누스의 막사가 있던 자리에는 넵튠 신전을 건립했다. 도시 곳곳에 잘 보존된 로마 시대의 유적들을 볼 수 있으며, 비잔틴 시대의 바실리카 유적도 남아 있다.

밧모섬

밧모섬(Patmos)은 에베소에서 남서쪽으로 약 50마일 거리에 있는 그리스의 섬이다. 로마 시대의 이 섬은 중한 정치범과 종교범들이 유배를 가는 곳이었다. 사도 바울도 기원후 95년 도미티아누스 황제 때 이곳으로 유배를 갔다가 일년 후 황제가 암살당하자 풀려났다. 사도 요한도 이곳 동굴에서 기도하다가 계시를 받아 요한계시록을 저술했다. 또 에베소로 돌아와 요한복음과 요한서신을 저술했다. 그는 밧모섬에서 유배생활 중

낮에는 채석장에서 노역을 하고 밤에는 산중턱 동굴 안에서 기도를 하며 지냈다고 전해진다. 지금도 그 동굴에는 요한이 계시를 받을 때 삼등분으로 갈라진 천장 바위와 그가 기도하고 일어날 때 짚은 손자국이 바위벽에 남아 있다. 그 동굴, 즉 계시동굴 입구에는 눈이 어두운 요한 대신 계시를 대서한 브로고로 집사의 모습이 그려져 있다. 그는 요한의 제자이자 예루살렘 초대 교회 일곱 집사 중 한 사람이기도 하다.

계시동굴의 위에는 원래 아르테미스의 신전이 있던 곳이다. 또 해적들이 자주 출몰하던 곳이라 요새로 사용하기도 했다. 그러다가 1088년에 수도자 크리스토둘로스가 요한 수도원을 세웠다. 이 수도원에는 정말 귀중한 비잔틴 시대의 고대 문서와 성경들이 보관돼 있다. 특히 기원후 500년에 기록한 것으로 알려진 마가복음은 매장 첫 글자를 순금으로 썼으며 나머지 글자는 은으로 쓴 것이다. 또 요한계시록을 펼쳐들고 있는 요한의 모습을 그린 성화는 세계적인 가치를 지닌 유물이다.

요한 수도원에서 내려가는 길에는 엘리야 기념교회와 1713년에 세워진 요한 신학교를 만날 수 있다.

요한 수도원

"예수 그리스도의 계시라 이는 하나님이 그에게 주사 반드시 속히 일어날 일들을 그 종들에게 보이시려고 그의 천사를 그 종 요한에게 보내어 알게 하신 것이라. 요한은 하나님의 말씀과 예수 그리스도의 증거 곧 자기가 본 것을 다 증언하였느니라. 이 예언의 말씀을 읽는 자와 듣는 자와 그 가운데에 기록한 것을 지키는 자는 복이 있나니 때가 가까움이라."(계:1-3)

밧모섬은 16세기에는 터키가 지배했으며 1912년경에는 이탈리아의 영토이기도 했다. 1947년 이후 그리스로 편입되었으며 울릉도 반 정도 크기의 작은 섬이다.

요한 수도원 종탑

계시동굴

그레데

성경 속 지명인 그레데(Crete)는 지금의 그리스 크레타 섬이다. 로마로 압송되던 사도 바울이 터키의 무라 항구에서 알렉산드리아 호를 갈아타고 가던 중 풍랑을 만나 미항에 도착한다. 그 미항이 있는 곳이 그레데 섬이다. 그때 바울은 이곳에서 겨울을 보내기를 원했다. 그러나 다른 일행들이 환경이 더 좋은 뵈닉스로 가기를 주장해 배를 띄웠다가 유라굴로 태풍을 만나 표류하게 된다.

"배가 더디 가 여러 날 만에 간신히 니도 맞은편에 이르러 풍세가 더 허락하지 아니하므로 살모네 앞을 지나 그레데 해안을 바람 막이로 항해하여 간신히 그 연안을 지나 미항이라는 곳에 이르니 라새아 시에서 가깝더라"(행27:7-8).

그레데는 유럽 문명이 시작한 장소로 그리스 남쪽 지중해 상의 가장 큰 섬 중 하나다. 주변에 여러 섬들이 있고, 섬 안에는 깊은 계곡 사이로 기름진 평야가 형성되었다. 계곡 중 하나인 사마리아 협곡은 유럽에서 가장 길고 깊은 계곡으로 알려져 있다. 또 고대 그리스부터 지금까지 역사, 신화, 음악, 방언 등 지역 고유의 문화적 전통을 간직하고 있는 곳이기도 하다. 그레데가 최고로 번영한 시기는 기원전 2800경부터 1150년까지 미노아 문명 때다. 기원전 1700년부터 1450년경에 지은 크노소스, 파에스토스, 말리아 등의 궁전은 미노아 문명의 극치를 보여주고 있다. 특히 오늘날까지 색상을 보전하고 있는 크노소스 궁전의 채색 벽화

크노소스 궁전벽화

는 고대문명의 최고의 걸작이라 할 수 있다. 하지만 대부분의 미노아 문명은 기원전 1400년경 그리스 본토인들의 두 차례의 침략과 1450년 산토리니에서 발생한 화산폭발로 사라졌다. 그럼에도 이 섬은 페니키아, 시리아, 이집트인들과 지속적인 해상무역으로 발전해 왔다. 기원후 69년부터 로마가 점령한 비잔틴제국 시대에는 골틴을 중심으로 발전했고, 기원후 823년부터 약 130년간은 이슬람의 지배, 4차 십자군원정 때인 13세기에는 베네치아의 지배를 받으면서 그 흔적들을 남기기도 했다.

성경에 언급된 라새아와 사도 바울의 기념교회가 있는 미항, 살모네 그리고 가우다 항구도 이 섬에 있다. 그레데에 기독교가 전파된 것은 이곳의 유대인들 일부가 오순절에 예루살렘에 왔다가 베드로의 설교를 듣고 예수를 믿게 된 때부터이다. 그 후 바울은 디도와 함께 이곳에 복음을 전하고 교회를 세웠으며, 이곳에 남은 디도가 교회를 조직화하고 이끌었다. 한편 바울은 디도에게 편지을 보냈는데, 기원전 6세기 시인인 에피메니페스의 말을 인용하여 그레데 사람들의 나쁜 습성을 꾸짖으라는 내용을 담기도 했다.

디도의 유골함(그레데 이라클리온에 있음)

크노소스 궁전 터

"그레데인들은 항상 거짓말장이며 악한 짐승이며 배만 위하는 게으름뱅이라 하니 이 증거가 참되도다 그러므로 네가 저희를 엄히 꾸짖으라 이는 그들로 하여금 믿음을 온전케 하고

사모트라케

사모트라케 섬은 바울이 2차 전도여행 중 드로아를 떠나 네압볼리로 가던 길에 하루 머문 곳이다. 성경에도 딱 한번 언급되는 지명이다.

"우리가 드로아에서 배로 떠나 사모트라케(Samothrace)로 직행하여 이튿날 네압볼리로 가고"(행16:11).

사도 바울이 이 섬에 오면서 탄 배의 기항지는 섬의 가장 큰 항구로 북서쪽에 있는 마리오티사 항구였을 것으로 추정한다. 1938년 이 항구 근처에서 초기원전 3세기경 건축된 여러 신전, 야외극장 터, 상점 터 등의 잔해와 함께 기독교회의 유적이 발굴되었다. 그중 니케 여신상은 그리스 조각의 백미인 비너스상과 더불어 최고의 걸작으로 꼽힌다. 그러나 이 여신상은 이곳이 아니라 세계 3대 박물관으로 꼽히는 루브르 박물관의 계단 중앙에 전시되어 있다. 니케는 승리의 여신으로 미국 스포츠의 류업체인 나이키(Nike)사의 브랜드로 사용하기도 하며, 나이키사의 로고는 니케의 날개를 형상화한 것이다. 사모트라케 섬은 오래 전부터 트라키아 사람들과 사모스 사람들이 거주해 그 이름을 얻었다. 기원전 8세기부터는 외부인들도 유입되었다고 한다. 마리오티사 항구는 그리스 에게해에서 흑해로 들어가는 길목에 있어 고대에는 무역상들과 개척자들이 출입이 잦았던 곳이다. 이 섬에서 가장 높은 펜가리산은 이 부근 바다를 지나는 선원들의 이정표가 되었다고 한다. 이 산은 포세이돈이 정상에

서서 트로이 전쟁을 지켜봤다는 신화도 전해지고 있다.

니케 여신상

헬라 시대 신전 터

사모

사모(Samos) 섬은 사도 바울의 3차 전도여행 중 기오 섬을 지나 터키의 밀레도로 가는 도중 들른 곳이다. 터키와는 1마일도 떨어져 있지 않으며 에베소에서는 남서쪽에, 밀레도에서는 북서쪽에 위치하고 있다.

"거기서 떠나 이튿날 기오 앞에 오고 그 이튿날 사모에 들르고 또 그 다음날 밀레도에 이르니라"(행20:15).

사모 섬은 그리스 섬들 중에서 가장 많은 교회와 수도원이 있는 곳이다. 이는 바울의 전도 덕분이 아닌가 싶다. 곳곳에 많은 유적들을 볼 수 있는데, 섬의 가장 큰 항구인 피타고리온 항구 주변에 특히 많다. 신화에서는 제우스 신의 아내인 헤라의 고향이라고 전해진다. 이 섬이 가장 번성했던 기원전 540년경의 폴리크라테스 시절에는 그리스 신전 중 가장 규모가 컸다는 헤라 신전이 이 섬에 세워졌다고 한다. 기둥만 100개 이상이었을 것으로 추정하는데, 지금은 겨우 기둥 하나와 터만 남았다. 원래는 이 신전을 발굴할 때 그리스 전통 의상을 입은 '케라뮤에스 봉납의 부인상'을 발굴했지만, 현재는 루브르 박물관이 소장하고 있다. 그밖에 볼만 한 것은 세계 유네스코 문화유산으로 등재된 에우팔리노스의 터널이다. 이 터널은 사모스 도심에 물을 공급하기 위해 섬 중앙산맥을 뚫어 만들었다고 한다. 고대부터 포도의 주산지인 만큼 이곳의 포도주가 유명하며, 그에 걸맞게 피타고라스가 만든 와인 잔 또한 진귀한 유물로 전해진다.

이곳에 처음 정착한 사람들은 기원전 11세기경 이오니아인들이다. 이들은 일찍부터 왕성한 무역활동으로 기원전 620년경에는 대서양까지 진출했다. 이후 아테네의 지배와 남쪽 로도 섬의 번영으로 점점 쇠퇴하였고, 기원전 133년에는 로마의 식민 도시가 되었다.

헤라 신전 터

에우팔리노스의 터널

기오

기오(Chios) 섬은 3차 전도여행을 마친 사도 바울이 예루살렘으로 귀환하면서, 미들레네에서 사모 섬으로 가는 길에 일시 들렀다고 성경에 써 있다.

이 섬은 이오니아인들이 정복하기 전에는 크레타인과 가리아인들이 거주하고 있었으며, 바울 시대에는 로마의 지배를 받던 자유 도시였다. 8세기경의 유랑 시인 호메로스의 고향으로 유명하다. 그가 쓴 '일리어드'와 '오디세이'는 그리스 최초의 시로, 지금까지 많은 사람들에게 읽혀지고 있다.

항구에서 서쪽으로 약 7마일 거리에는 유네스코 지정문화재인 네아모니 수도원이 있다. 이는 비잔틴 시대의 수도원을 1045년에 재건한 것이다.

로도

장미꽃이라는 뜻의 로도(Rhodos) 섬은 에게 해에서는 그레데 다음으로 큰 섬으로 숲이 무성하고, 기후가 온화하며 땅이 비옥하다.

바울은 3차 전도여행을 마치고 예루살렘으로 돌아오는 도중, 고스 섬에서 하루를 머물고 이곳 로도 섬을 방문했다. 바울의 배는 섬의 남쪽에 있는 린도스라는 항구에 기착했다. 항구 부근 해안가에는 이를 기념하여 세운 기념교회가 있다. 섬의 옛 항구에는 로도스의 거상 혹은 크로이소스의 거상이라 불리는 태양신 헬리오스의 조각상이 있었다고 한다. 이 조각상은 당시 로도스인들이 키프로스와의 전쟁에서 이긴 기념으로 그리스 건축가 '카레스'에 의뢰해 세운 것이라고 한다. 고대 세계 7대 불가사의로 불렸으며, 뉴욕의 자유의 여신상만한 크기였다고 한다. 이외에 1500년대까지 이곳을 지배했던 요한 기사단의 성채도 보존되어 있다.

사도 바울 기념교회

요한 기사단 성채

고스

고스(Kos) 섬도 사도 바울이 3차 전도여행을 마치고 예루살렘으로 귀환하는 도중에 들른 곳이다.

"우리가 그들을 작별하고 배를 타고 바로 고스로 가서 이튿날 로드에 이르러 거기서부터 바다라로 가서"(행21:1).

로마제국이 통치할 때는 자치 도시였으며 로마가 멸망한 뒤에는 오스만제국과 이탈리아의 지배를 받았다. 작은 섬이지만 구리, 철 등의 지하자원도 꽤 있으며 어업과 과수 농업이 발달된 곳이다. 의학의 아버지라고 불리는 히포크라테스의 출생지이며, 화가 아펠테스(Apeltes), 시인 필레테스(Pilletes) 등을 배출한 곳으로도 유명하다. 히포크라테스는 기원전 5세기경 이곳에 의학교를 세웠다. 지금도 그가 나무 밑에서 제자들을 가르쳤다는 유럽에서 가장 오래 된 플라타너스 나무가 있다. 한편 이 섬의 서쪽 언덕 위에는 의술의 신 아스클레피오스 신전과 함께 아폴로 신전 등의 유적이 남아 있다.

미둘레네

미둘레네(Mitylene)는 오늘날 레스보스(Lesbos)라고 부르는 섬으로 사도 바울이 제3차 전도여행에서 돌아오는 길에 앗소에서 기오로 가는 길에 하루 들른 곳이다. 이 섬은 페르시아의 지배를 받다가 기원전 479년 헬라인에 의해 해방되었다. 그 후 스파르타의 지배를 받기도 했고, 기원전 4세기경에는 아테네와 동맹을 맺기도 했다. 나중엔 알렉산더 대왕에게 정복당했으며, 이집트의 프톨레마이오스 왕조와 알렉산더를 계승한 셀레우코스 왕조의 통치를 받았다. 기원후 151년에 발생한 대지진으로 섬이 온통 폐허가 되었다. 폐허 속에도 유적은 꽤 남아 있다. 15마일 정도의 성벽, 도리아식 아르테미스 신전, 만 명 이상을 수용하는 고대 극장, 수도원, 교회당, 목욕탕 등이 그렇다. 기원전 그리스의 시인 알카이오스(Alkaios)와 삽포(Sappho)의 고향이기도 하다.

미둘레네 성채

미둘레네 항구

4

요르단의 성지

암만

암만 북쪽지역

암만 남쪽지역

요르단은 아라비아 반도의 북서쪽에 위치한 국가다. 지중해와 홍해, 인도양과 페르시아만에 둘러싸여 있으며 사우디아라비아, 시리아, 이스라엘과 국경을 접하고 있다. 동쪽으로는 인류 최초의 문명발상지인 메소포타미아 지역과 인접해 있고 서쪽으로는 나일강의 이집트문명의 통로에 자리하고 있어 고대부터 두 문명의 가교 역할을 했던 지역이다.

구약 시대에는 여호수아의 영도 아래 이스라엘이 이 지역을 정복하였으나 나바트 시대와 로마제국 시대를 거쳐 7세기 이후 이슬람화가 되었다. 1927년 영국의 위임통치 하에서 아라비아 반도 이슬람 국가의 수장이 되었다가 1946년 독립을 선언했다. 1949년 팔레스타인을 합병하며 '요르단 하세미트 왕국'으로 국호를 정하고, 완전한 독립국가가 되었다.

현재 요르단 왕국은 구약 시대 성경에서 언급된 사해 남부의 에돔지역과 동부 모압지역, 그리고 요단강 동쪽의 암몬지역을 포함하고 있다. 하나님의 심판을 받은 소돔과 고모라에 관한 유적은 대부분 요르단지역에 있으며, 이스라엘 백성이 애굽을 떠나 가나안 땅으로 갈 때 지나간 출애굽의 길도 이 나라에 있다. 또 요르단은 엘리야와 엘리사의 고향이기도 하다.

신약 시대에 등장하는 데가볼리와 베레아, 세례요한이 죽임을 당한 마케루스 요새도 요르단 땅이다.

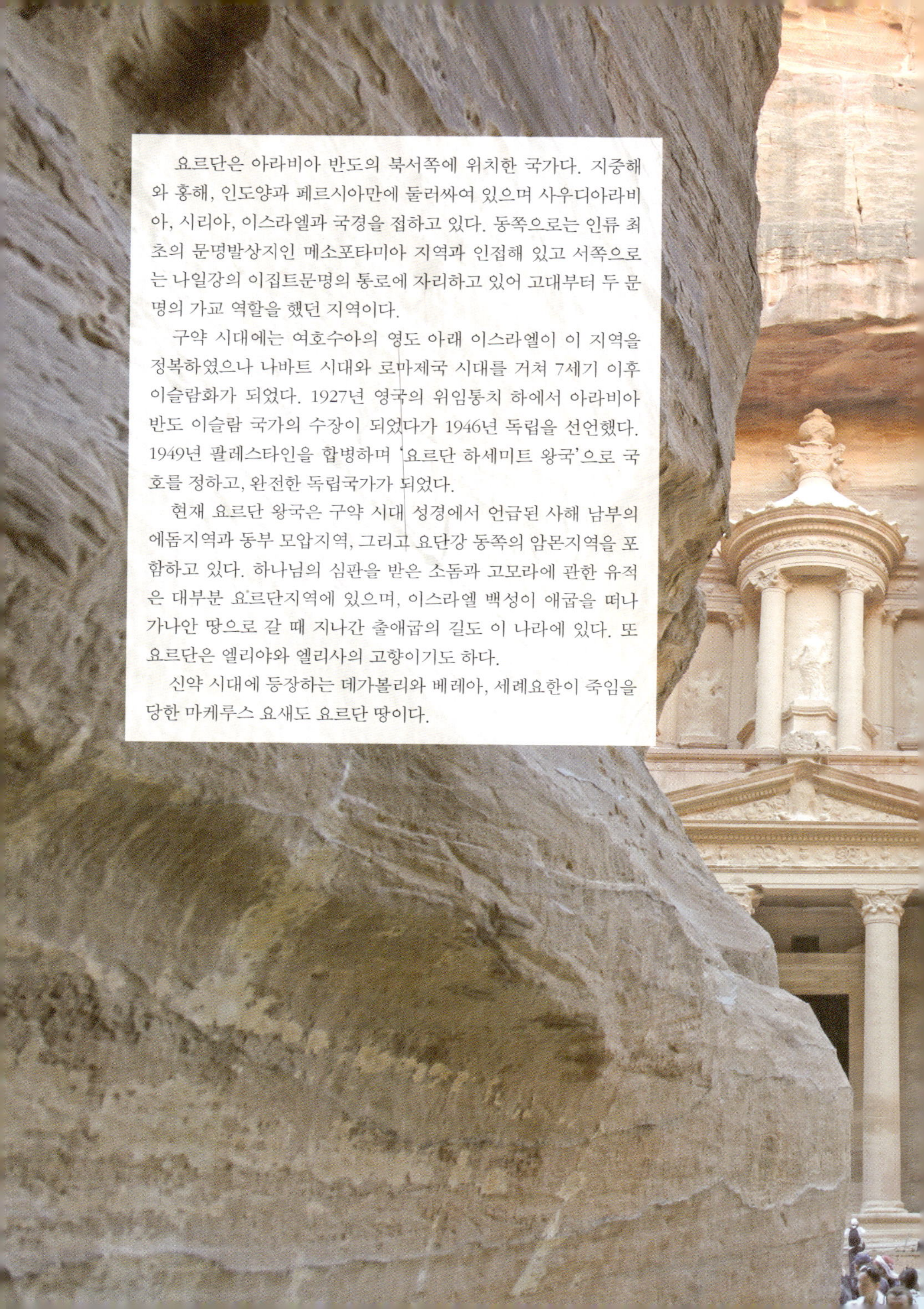

정치형태는 국왕이 최고 권력을 가진 왕정극가이며, 종교적으로는 수니파 이슬람 신자가 국민의 90%를 차지한다. 그러나 다른 이슬람 국가에 비해 진보적이라 기독교인들이 성지순례를 하는데 특별한 불편함이 없다. 지중해성 기후와 사막 기후가 공존해 기온 변화가 심하며 강수량도 계절별로 차이가 크다. 방문 시 변화무쌍한 날씨에 대비할 필요가 있다. 인종은 아랍인과 팔레스타인인 그리고 베두인 족이 함께 생활하며 언어는 아랍어를 사용한다.

01

암만

요르단의 수도는 암만이다. 이 도시는 성서에 등장하는 암몬 족이 기원전 10세기부터 거주하며 나라를 세웠던 곳이다. 오스만 투르크 시절만 해도 인구가 고작 수천 명인 작은 마을이었다. 그러다가 1927년에 이르러 영국의 지배를 받으며 철도 등의 교통시설이 건설되며 아라비아 반도의 중심 도시로 발전했다. 그 후 1949년 요르단 하세미트 왕국이 건국되고, 팔레스타인 등의 유입이 늘면서 명실공이 대도시로의 면모를 갖추기 시작한다. 현재는 팔레스타인인과 최근에 유입된 시리아 난민들로 인구가 증가하여 400만 명이 넘는 요르단 최대의 도시가 되었다.

암만은 성경에 암몬 자손의 왕성 압바(Rabba)(삼하12:26)로 기록되어 있다. 얍복강의 근원이 되는 풍부한 샘물이 많아 '물의 성'이라는 이름으로도 불렀다.

모세는 암몬 자손의 땅 절반인 랍바 앞의 아로엘까지를 갓 자손에게

시타델

비잔틴 교회 터

원형경기장

헤라클레스 신전

분배했다. 이 땅은 암몬 족속과 이스라엘의 전쟁이 자주 일어났던 곳으로, 다윗이 밧세바의 남편인 우리아를 죽게 했던 곳이기도 하다(삼하 11:17).

암만의 구시가지인 라바트 암만 지역은 옛 랍바라 해도 무방하다. 로마제국 시대부터 비잔틴 시대와 초기 이슬람 시대의 번영을 고스란히 간직한 고대 유적들이 많이 남아 있다. 기원후 2세기에 로마가 지배할 때 건설된 6천 명을 수용할 수 있는 원형 극장, 기원후 6서기 이후에 건설된 시타델에는 비잔틴 시대의 교회와 헤라클레스 신전 터, 그리고 청동기 시대의 무덤 터 등이 있다. 7세기 이슬람의 우마이야 왕조의 모스크와 궁전도 만나 볼 수 있으며, 우물 위에 세운 님프 신전도 발굴 중에 있다.

느보산

암만에서 18마일 거리에 있는 해발 2,680피트의 시야가(Shiyaga) 봉우리를 일반적으로 느보산(Mt. Nebo)이라 부른다(신32:49, 34:1).

느보산은 오랜 세월 이스라엘 백성의 약속의 땅, 가나안으로 이끌었던 모세의 출애굽 여정의 마지막 기착지였으며, 마지막 설교를 했다는 곳이다.

"여호아께서 그에게 이르시되 이는 내가 아브라함과 이삭과 야곱에게 맹세하여 그의 후손에게 주라한 땅이라 내가 네 눈으로 보게 하였거니와 너는 그리로 건너가지 못하리라 하시매 이에 여호와의 종 모세가 여호와의 말씀대로 모압땅에서 죽어"(신34:4-5)라는 성경 내용처럼 모세는 이곳에서 죽게 된다. 하지만 모세가 묻힌 곳에 대한 기록은 없다.

페트라 와디무사에 가면 모세가 바위를 깨 물이 나오는 기적을 일으킨 모세의 샘이 있다. 그러나 이는 하나님의 뜻이 아니어서, 모세가 약속의 땅으로 들어갈 수 없었던 이유와 관련이 있는 것으로 여겨진다.

느보산 모세 기념관

느보산 모세 기념비

느보산 시야가 정상에는 넓고 전망 좋은 장소가 있다. 이곳에선 남쪽으로는 사해와 유대 광야가 보이고 서쪽으로는 여리고가 있는 요단 계곡과 베들레헴과 예루살렘의 감람산까지 보인다. 그래서 초대 기독교에서 언급하는 '비스가'를 이곳 시야가로 보는 견해가 많다. 1933년, 이 산에서 4세기에 세운 비잔틴 교회와 수도원 유적이 발견되었다. 이 교회는 6세기 무렵에 모세를 기념하는 바실리카 풍의 교회로 확장되었다. 하지만 이곳은 오랫동안 방치되어 있다가 1932년 프란체스코 수도회가 사들여 발굴과 복원을 추진했다. 이때 로마 시대의 탑과 무덤, 비잔틴 시대 초기, 후기의 교회와 모자이크, 헬라 비문과 아랍 시대의 교회 터도 함께 발굴되었다.

놋뱀 기념물

느보산의 모세 기념관은 2016년에 완공된 건물로 이곳 유적지에서 발굴된 비잔틴 양식의 모자이크를 소장하고 있다. 역사적으로 높은 가치를 인정받는 이 모자이크는 헬라 비문에 적힌 제작자와 당시 사제의 이름 등으로 보아 서기 531년에 제작된 것으로 보인다. 이 모자이크는 597년에 제작된 다른 모자이크 아래 숨겨져 있다가 1976년에서야 발견되었다. 597년에 제작된 모자이크는 따로 복원하여 벽에 걸어져 있다.

모세 기념관 앞에는 피렌체의 조각가 지오바니 판토니(Giovanni Fantoni)의 십자가 형태의 조각물이 있는데, 이스라엘 백성을 살린 놋뱀과 그리스도의 십자가를 조화시킨 놋뱀 기념물(the Brazen Serpent Monumen)이다. 2000년 교황 요한 바오로 2세가 느보산을 방문한 기념비도 세워져 있다.

메드바

'고요히 흐르는 물'이라는 뜻의 메드바(Madaba)는 후기 청동기 시대인 기원전 1500년대부터 형성된 도시로 요르단의 수도 암만에서 약 14마일 정도 떨어진 곳에 있다. 북쪽 다메섹에서 남쪽 아카바 간(the Gulf of Aqabah)으로 이어지는 "왕의 큰길"(민20:17-21)에 자리 잡고 있으며, 여리고로 통해 요단강 서쪽으로 가는 길목이기도 하다.

성경에서 메드바는 모세의 영도로 출애굽한 이스라엘 백성이 요단강 동편을 정복하며 지날 때 처음 등장한다. 당시 메드바는 아모리 족속의 왕 시혼이 다스리고 있었다. 그리고 메드바는 헤스본과 디본과 함께 언급되는데(민21:30), 이는 메드바가 아모리 족속의 도성 헤스본과 아모리 족속과 모압 족속의 경계에 있는 디본 사이에 자리 잡고 있음을 알 수 있다. 요단강 동편 사해 주변의 북쪽부터 남쪽으로 내려오는 지역은 아모리 족속, 모압 족속, 에돔 족속이 차지하고 있었다.

이런 지정학적 위치로 인해 이스라엘 왕조사에서 메드바는 이스라엘과 모압 족속 사이에 벌어진 갈등의 근원이었다. 각 족속의 경계점이자 주요 도로의 길목이라 여리고를 거쳐 요단강 서편으로 가는 무역을 장악할 수 있다. 또 평지인 메드바의 남쪽 끝자락에 디본이 있으니 아르논강 북쪽에 있는 디본을 차지하면 자연스럽게 메드바 평지를 지배할 수 있다. 여러모로 전쟁이 잦을 수밖에 없는 땅이었다.

기원후 106년 메드바는 아라비아 지방의 한 도시로 편입되면서 기독교 문화가 급속히 확산되었다. 그러나 기원후 614년 페르시아제국에 침공을 받았으며, 8세기에 들어선 이슬람의 우마이야 왕조에 의해 많은 기독교 유적이 훼손되었다. 그리고 746년의 지진은 결정적으로 메디바를 잊힌 도시가 되는 계기가 된다.

한동안 사람들의 기억 속에 사라졌던 메드바는 1896년 기독교 역사의 획을 긋는 발견으로 다시 주목을 받는다. 당시 성 조지 교회를 건축하는 과정에 클레오파스 키킬리디스 신부가 메드바 지도를 발견한 것이다. 이 지도는 200만 개 이상의 큐브모양의 컬러 돌로 만든 가장 오래된 지도로 확인되었다. 지도는 북쪽의 레바논, 남쪽의 이집트, 서쪽의 지중해, 동쪽의 광야를 묘사하고 있으며, 특히 예루살렘 지역을 가장 크게 표현하여 그 부분의 보존 상태도 월등히 좋았다. 당시 예루살렘의 다메섹문, 사자문, 금문, 시온문, 성묘 교회, 다윗의 망대는 물론 로마 황제 하드리아누스가 만든 남북의 대로인 카르도까지 정확히 표시하고, 예루살렘이 세상의 중심임을 명확하게 표현했다. 성서지리학자들의 연구 결과로는 당시의 마을과 성, 건물, 도로 등의 명칭이 희랍어로 정확하게 기록되었다고 판명했다. 이 지도는 기독교 역사는 물론 세계사적으로도 매우 중요한 유물로 평가받는다. 원래는 가로 19피트, 세로 52피트의 지도였으나, 발견된 것은 예루살렘을 중심으로 3분의 1 정도만 남았다. 제작은 대략 542년경인 유스틴 황제 때 만들어진 것으로 추정한다. 지도에는 542년 11월 20일에 봉헌된 예루살렘의 네아 교회(Nea Church)는 표시되어 있는데, 570년대에 세워진 건물에 대한 기록이 없기 때문이다.

이외에도 메드바 북쪽에서 많은 모자이크 유물들이 발견되면서 모자이크의 도시라고 불리기도 한다.

성 조지 교회 내부

모자이크 지도

베다니

암만에서 차로 40분 거리에 베다니(Bethany)가 있다. 이 베다니는 나사로가 살던 이스라엘의 감람산 동편의 베다니와 이름은 같지만 서로 다른 곳이다. 요르단 베다니는 성경(요한복음 1:28 및 10:40)은 물론 비잔틴과 중세 문헌들에도 자주 등장한다. 요단강이 접해 있어 강 건너편은 이스라엘 영토다.

"이 일은 요한이 세례 베풀던 요단강 건너편 베다니에서 일어난 일이니라"(요1:28).

세례 터의 기념 조형물

세례요한 기념교회 터와 웅덩이

오랫동안 이스라엘과 요르단은 예수님 세례 터가 자신의 나라에 있다고 주장해 왔다. 요르단이 주장하는 곳이 바로 이 베다니인데, 1996년에 선지자 엘리야가 승천한 엘리야의 언덕, 즉 베다니의 텔 알 카르라르(Tell-Al-Kharrar)를 발굴하면서 이곳이 유력한 예수님 세터임을 입증하게 된다. 이때 6세기경에 지은 세례요한 기념교회 터와 수로, 세례 터, 수도사들이 기거했던 동굴, 기도실 등이 발견되었기 때문이다. 결정적인 것은 메드바의 성 조지 교회의 모자이크 지도에도 그렇게 표시가 되어 있었다. 이런 이유로 베다니는 예루살렘, 요단강, 느보산을 잇는 초대 교회의 순례길 중에 하나가 되었다.

지금의 세례 터

02

암만 북쪽지역

가다라

성경에서 가다라(Gadara)는 도시로 부르지 않고 가다라 지방이라고 기록하고 있다. 요르단에서는 움 카이스(Umm Qais)라고 부르며, 갈릴리 동남쪽 5마일 떨어진 곳으로 데가볼리에 속해 있다. 이곳은 예수님이 무덤 사이에서 나온 귀신 들린 사람을 고쳐 주신 곳이다. 예수님께서 사람의 몸에서 귀신을 쫓아내자, 귀신이 돼지 떼에 들어가 모두 바다에 떨어져 몰살하는 일화가 그것이다.

가다라 수도원 터

"또 예수께서 건너편 가다라 지방에 가시매 귀신들린 자 둘이 무덤사이에서 나와 예수를 만나니 그들은 몹시 사나워 아무도 그 길로 지나갈 수 없을 지경이더라"(마9:28).

초기 기독교에서는 갈릴리 바다 동쪽 바로 옆에 있는 쿠르시를 가다라로 보고 있다. 가다라는 갈릴리 바다와 야르묵 강과 골란 고원이 내려다 보이는 고원지대의 오래된 도시다. 수리아와 팔레스타인 지역을 연결하는 중요 도로를 접하고 있으며, 비옥한 토지와 풍부한 강우량으로 헬라 시대와 로마 시대를 거쳐 비잔틴 시대까지도 번영을 누렸다.

이곳에는 2마일 정도의 성벽의 흔적과 잘 보존된 3,000명을 수용하는 극장과 다른 하나의 극장 유적이 있다. 그리고 기원후 5세기경에 세운 것으로 추정되는 비잔틴 시대 교회, 수도원의 기초 유적과 교회 바닥에 모자이크 성화도 남아 있다.

숙곳

숙곳(Succoth)은 오늘 날 와디 라에브(Wadi Rajeb)와 얍복강 사이에 있는 고르아브 오베이테로 부르는 매우 비옥한 지역이다. 얍복강 북쪽 지역에 있는 성읍인 숙곳(수13:27)은 동쪽으로는 언덕이 자리하고 있으며 서쪽으로는 요단강에 이르는 오솔길이 있다. 이곳이 바로 숙곳 골짜기이다.

'우리'라는 뜻의 숙곳은 야곱이 밧단아람에서 돌아온 후에 가축 우리를 만든 곳으로 솔로몬이 성전에 사용할 놋그릇을 만든 곳으로도 성경에 나온다. 또 미디안 족을 추적하던 기드온이 이곳 사람들에게 음식을 요청하였으나 거절당하고, 승리하고 돌아오는 길에 가혹하게 처벌했다는 이야기도 있다.

데이르 알라 유적지

이곳의 데이르 알라(Deir Alla)는 성경의 숙곳이라고 추정하는데, '높은 수도원의 언덕'이라는 뜻이다. 해발 670피트에 10에이커에 이르는 대단위 유적지로 중요한 고고학 장소다. 이곳에서는 1967년 발견된 발람문서(The Balaam Text)를 비롯한 여러 유물들을 발견하였다.

얍복강

얍복강(Jabbok)은 암만에서 발원하여 갈릴리 바다와 사해 사이에 있는 요단강 지류로 11마일 정도의 짧은 강이다. 그럼에도 성경에 자주 등장하는 랍바, 마하나임, 로드발, 브누엘, 사르단, 아담 등을 지나 요단강에 이르러 기독교 성지 순례와 밀접한 관련을 맺고 있다.

야곱은 형 에서를 피해 하란으로 도피한 후 20년 지나 고향으로 돌아가는 길에 식구들과 종들, 짐승들을 먼저 보내고 홀로 남는다. 그리고 천사와 씨름을 하고 난 후 이름을 '이스라엘'로 개명한다. 그 장소가 바로 얍복나루다.

이곳은 출애굽한 이스라엘이 약속의 땅 가나안을 정복한 후에 요단강 동편 땅을 르우벤 지파와 갓 지파, 므낫세 반지파에게 할당해 준 지역의 중앙에 위치했다. 르우벤 지파는 아르논강(남쪽)에서 사해 위쪽 꼭대기(북쪽)까지, 갓 지파는 사해 위쪽 꼭대기(남쪽)에서 얍복강(북쪽)까지, 므낫세 반지파는 얍복강 북쪽을 차지했다(신3:16).

이스라엘은 아르논강에서 얍복강에 이르는 영토를 아모리의 왕 시혼과의 전쟁에서 빼앗았다. 이스라엘 백성들은 자신들과 암몬 자손과의 경계를 얍복강으로 보았다. 얍복강은 와디 자르카(Wadi Zarqa)와 같은 곳으로 여기며, 와디 자르카는 요단 계곡의 네 개의 주요 와디 중 하나다.

마르 엘리야스 비잔틴 시대 교회 터

디셉

성경에서 디셉(Tishbe)은 엘리야의 고향이라고 한다. 디셉은 오늘날 그 정확한 위치를 알 수 없으나 학자들은 키르벳 리스팁(Khirbet Listib)으로 추정하고 있다. 디셉에서 1,600피트 거리에는 '엘리야 산'으로 부르는 마르 엘리야스(Mar Liyas)가 있다. 이곳에는 바닥을 모자이크로 장식한 비잔틴 시대의 교회 유적이 남아 있다.

엘리야가 이세벨을 피해 숨었던 성서의 그릿 시내(Brook Cherith)를 현지에서는 와디 알 야비스로 부른다. 하나님의 명에 따라 그릿에 숨은 엘리야는 와디에서 물을 마시고 까마귀가 가져다주는 떡과 고기로 연명하다가 시돈 땅 사르밧으로 갔다. 그릿 시내는 말 그대로 작은 시냇물이 흐르는 곳으로 엘리사의 고향 아벨 므홀라와도 인접해 있다.

제라쉬

제라쉬(Jarash)는 숲이 우거진 구릉지대와 비옥한 평원이 있는 지역으로 기원전 332년 알렉산더 대왕에 의해 도시로 발전하기 시작했다. 기원전 63년 폼페이가 점령하며 로마의 식민지가 되었으며, 페트라의 나바테아인들과 교역을 하며 3세기경 가장 번성했다. 그러나 7세기 페르시아의 침공으로 도시가 많이 파괴되었고, 8세기에는 지진으로 더 파괴되었다. 그럼에도 제라쉬는 로마의 정복지 중 유적이 잘 보존된 도시 중의 하나다.

제라쉬 로마 유적

지난 수백 년간 모래 속에 묻혀 있던 고대 도시는 70여 년간의 발굴과 복원 작업을 통해 예전의 모습을 많이 찾게 되었다. 지금은 열주가 늘어선 포장 도로, 사원, 극장, 타원형 광장, 목욕탕, 분수 성곽 등을 만나볼 수 있다.

비잔틴 교회 입구

암만 남쪽지역

헤스본

'성채'라는 뜻의 헤스본(Heshbon)은 모압 평지 북쪽의 랍바와 메드바 사이에 있으며, 출애굽한 이스라엘의 통행을 가로막으며 공격했던 아모리의 왕 시혼의 도읍지였다. 이스라엘이 이곳을 정복한 후 처음에는 르우벤 지파가 차지하게 되었고, 나중에 갓 지파에게 넘겨졌으며(민32:39), 그 후 레위 지파의 성읍이 되었다(수13:26; 대상6:81). 성경의 헤스본은 '왕의 큰길'이 지나가는 텔 히스반(Tel Hisban)으로 추정하고 있다. 해발 3,000피트에 가까운 고지대로 모압 평야를 지킬 수 있는 지정학적 위치 때문이다.

비잔틴 시대 교회 유적

유적지로는 초기 청동기 시대의 주거지와 철기 시대의 수로와 주거지, 그리고 헬라를 비롯한 로마, 비잔틴 등 각 시대의 시전 유적과 교회 유적지도 있다.

길하레셋

길하레셋(Kirhereseth)은 케락성이라고도 부르며, 모압 산지의 방어 요새로 삼았던 곳이다. 3,500피트의 고지대에 삼면이 계곡으로 둘러싸여 있는 천연의 요새지였다. 성경에는 기르(사15:1) 혹은 길하레셋, 모압 길 등으로 표현하고 있는 지역으로 한때는 모압 왕국의 수도이기도 했다. 로마 시대에는 카르카모바라 불리는 로마의 지방도시가 되었으며, 비잔틴 시대에는 페트라의 대주교의 영지가 되기도 했다. 1132년 십자군 시대에 이르러 예루살렘 왕국의 발드윈 1세가 점령하여 케락 요새를 건설했다. 이 요새는 이슬람 세력을 막는 가장 강력한 십자군의 요새였다.

성경 기록에는 모압의 메사왕이 이스라엘의 아합왕이 죽은 후 해마다 바치던 조공을 바치지 않아 대를 이은 여호람왕이 에돔 왕국과 연합해 모합을 정벌했다고 나온다. 길하레셋은 그 전투의 최후의 격전지였으며, 수세에 몰린 메사왕은 탈출조차 하지 못하고 갇힌 신세가 된다. 이에 메사는 이스라엘 연합군이 지켜보는 가운데 그의 장남을 산채로 불태워 자신들의 신인 그모스에게 제물로 바쳤다. 이 광경을 본 이스라엘 연합군은 퇴각하여 전쟁을 끝냈다고 한다(왕하3:9-20).

케락 성채

지금의 케락성은 고대 요새의 일부와 십자군 때 덧붙여 지은 성채의 유적이 남아 있다. 십자군 성도 당시의 모습으로 복원되어 있다.

모압에 관한 경고라 하룻밤에 모압 알이 망하여 황폐할 것이며 하루

밤에 모압 기르가 망하여 황폐할 것이라(사15:1).

마케루스 요새

마케루스 요새(Macharerus)는 기원전 100년 알렉산더 얀네우스가 세운 마케루스 궁전이었다. 이후 기원전 30년 헤롯왕이 여름 궁전으로 재건했으며, 그의 아들 헤롯 안디바가 갈릴리와 베뢰아 분봉왕으로 통치할 때 궁으로 사용하였던 곳이다.

마케루스 전경

헤롯 안디바는 기원후 41년경 나바테 왕국의 아레타스 4세의 딸인 나바티안과 이혼하고 본인의 이복동생 헤롯 빌립의 아내 헤로디아와 결혼한다. 이에 대해 세례 요한이 비판하자 요한을 투옥하고 참수한 사건이 일어난 장소이기도 하다(마14:1-12).

사해가 내려다 보이는 해발 2,300피트에 자리한 이 요새는 사방이 깊은 계곡으로 둘러싸여 있는 천연 요새지다. 그러나 기원후 72년에 로마군이 완전히 파괴한 후, 지금은 궁전 기둥의 흔적만 남아 있다.

페트라

페트라(Petra)는 기원전 6세기에 아랍계 유목민 나바테아인이 건설했다. 향료 무역으로 한때 번성했지만, 기원후 106년 로마의 침략에 의해 로마의 속국이 되었다.

이후 점차 쇠락하고, 바위산 깊은 곳에 자리하여 외부의 접근도 어려워 역사적으로 잊혀진 곳이 되었다가, 1812년 스위스 탐험가인 요한 루드비히 부르크하르트에 의해 처음 세상에 모습을 드러냈다.

이후 발굴을 통해 원형극장, 목욕탕, 상수도 시설 등 초기 청동기 시대부터 헬라 시대까지와 나바테안 시대와 로마 시대, 그리고 비잔틴 유적 등 다양한 고고학적 유적들을 찾아냈다. 313년 콘스탄티누스 황제 때부터 세운 많은 기독교 건축물들도 이때 발견했다.

유적 중 요르단에서 가장 중요시하고 페트라의 상징처럼 여기는 '보물창고'라는 뜻을 가진 '알 카즈네'다. 해발 3,200피트의 바위산 협곡의 깊은 곳에 자리한 알 카즈네는 바위 전체를 깎아 조각한 건물이다. 마치 신전처럼 보이지만 나바테아의 왕 아테라스 3세의 무덤으로 추정하고 있다.

페트라는 구약 시대에 에돔 족속이 살았던 곳으로 알려져 있다. 이 족속은 성경에는 사해 남동쪽의 나라로 나온다. 예레미야와 오바댜를 통해 하신 말씀에 '바위 틈에 살며 산꼭대기를 점령한 자', 또 '바위 틈에

페트라 알카즈네

페트라로 가는 계곡

거주하며 높은 곳에 사는 자'라고 일컬어졌다. 유대의 왕 아마샤는 에돔을 공격하여 군사 만 명을 죽이고 셀라를 취하면서 욕드엘이라고 이름을 바꿨다(왕하14:7, 대하25:12). 셀라는 히브리어로 바위라는 뜻으로, 페트라를 셀라로 추정하는 근거로 삼는다. 사도 바울이 삼년간 머무른 곳으로도 추정하며, 모세가 지나간 곳이라 이름 붙은 '모세의 계곡'과 '모세의 샘'이 있지만 역사적으로 확인되지는 않았다.

와디 럼

세계에서 가장 아름다운 사막으로 불리는 '와디 럼(Wadi Rum)'은 에돔을 통과하지 못한 이스라엘 백성들이 광야 생활을 한 곳이다. 다른 사막과 달리 붉은 모래와 사암으로 이뤄진 이 사막은 시간에 따라 다양한 빛깔을 변주해, 마치 다른 행성에 온 듯한 착각을 불러일으킨다. 더구나 곳곳에 샘물이 있어 오래 전부터 사람들이 거주해 왔다. 기원전 4500년경에 사람의 주거지와 바위에 새긴 문양과 그림들도 발굴되었다.

요르단 수도에서 북쪽으로 45km 떨어진 '제라쉬'는 와디 럼과 다른

와디 럼 전경

지역이지만, 요르단을 방문하는 사람들이 함께 찾는 곳이다. 모세가 정복한 길르앗 땅에 속하며 성경에선 '거라사인의 땅', '거라사인의 지방'으로 부른다. 예수께서 군대 귀신 들린 자를 고쳤던 거라사로 특정하기에는 무리지만, 그 지역 일대를 광범위하게 말하는 것이 아닌가로 이해하는 것이 적절하다.

로마의 위성도시 중 하나로 원형이 가장 잘 보존되어 있는 곳이다. 다양한 신들을 섬겼던 신전들이 남아 있으며, 로마가 기독교를 공인한 이후 기독교가 융성했던 도시인만큼 비잔틴 양식의 많은 교회 건물들도 자리 잡고 있다.

5

이집트의 성지

이집트의 정식 국호는 '이집트 아랍 공화국'이다. 아프리카의 북동쪽에 자리잡고 있는 나라로, 시나이 반도를 통해 서아시아와 이어져 있다. 북쪽은 지중해, 북동쪽으로는 가자 지구와 이스라엘과 접하고 있고, 동쪽은 홍해, 남쪽은 수단, 서쪽은 리비아가 있다. 수도는 카이로이며, 영토 면적은 한반도의 4.5배에 이르는 꽤 큰 나라다. 그러나 95%의 국토는 사하라 사막 등 여러 사막으로 이루어져 있다.

이집트는 메소포타미아 문명 다음으로 오랜 역사의 문명이 발생한 곳이다. 기원전 3000년경 통일 왕국으로 왕조가 시작되었다. 초기 고왕국 시대부터 중앙집권제를 실시했으며, 중왕국 시대에는 누비아와 시리아까지 세력을 확장하고 신왕국 시대의 투트모세 3세 때는 영토를 아시아까지 넓히는 대제국을 건설했다. 그 후 차츰 세력이 쇠퇴하여 기원전 7세기 아시리아에게 점복당하고 기원전 30년에는 로마의 속국이 되었다. 근대에는 유럽열강들의 식민지가 되었다가 1922년에 입헌 군주국으로 독립했다. 1953년 육군 장교인 나세르가 쿠데타를 일으켜 지금까지 공화국으로 남아 있다.

인구는 2020년 기준 약 1억 명을 넘겼다. 대부분의 국민은 영토의 5%에 해당하는 나일강변에서 거주한다. 산업의 발달로 도시화가 진행되어 인구의 90% 이상이 카이로와 알렉산드리아 등의 대도시에 집중되어 있다. 중동지역에서 정치, 경제, 문화적으로 영향력이 매우 큰 국가로 관광, 농업, 산업, 서비스업 부문이 고르게 발전했다. 최근에도 투자 유치를 위한 입법, 사회 및 정치 안정, 무역 및 시장 개방 등을 통해 지금도 빠르게 경제 성장을 하고 있다.

국민의 90%가 이슬람교 신자이며, 기독교 신자는 10%다. 기독교 중에서는 콥트교 신자가 대부분을 차지한다. 고대에는 상형문자를 가졌고 고대 이집트어를 사용했지만 지금은 아랍어를 공용어로 삼고 있다.

이집트는 이스라엘과 인접한 강대국으로 고대 이스라엘의 신앙과 문화, 풍습에 많은 영향을 주었으며, 이스라엘이 어려울 때 피난처 역할도 한 만큼 기독교 역사와도 빼놓을 수 없는 관계를 맺고 있다. 아브라함은 기근을 피해, 여로보암은 솔로몬을 피해, 유다의 남은 자들은 바벨론을 피해 이집트로 피신했다. 더구나 예수님께서 헤롯을 피해 살았던 거룩한 장소이며, 이와 관련된 이야기와 유적이 많은 지역이다. 한편 이집트에는 중동지방에서 가장 많은 기독교 신자들과 교회가 있기도 하다. 마가는 기원후 42년경에 이집트의 가장 큰 항구도시인 알렉산드리아(Alexandria)를 거쳐 이집트에 복음을 전했다. 그래서 이집트에는 초대 교회와 거의 같은 시기에 기독교가 들어왔고, 그때부터 콥트라 부르는 기독교인들이 살았다.

01

카이로

카이로는 이집트와 아랍 연맹의 수도답게 아프리카와 중동지역의 최대 도시다. 로마 시대의 고대 카이로 지역은 나일강 삼각주에 속하는 습지에 지나지 않았으나, 642년 아라비아 반도에서 건너와 이집트를 점령한 아무르 이븐 알 아스가 군대 주둔지 푸스타트(Fustat)를 건설한 게 카이로의 출발점이다. 중동과 아프리카, 유럽을 잇는 요지에 있어 북 아프리카의 대표 도시가 되었고, 나일강의 물줄기가 여러 지류로 갈라지는 지점에 위치하고 있다.

아기예수 피난교회

아기예수 피난교회(Abu Sarga Church)는 올드 카이로 지역에서 가장 오래된 교회 중의 하나다. 요셉과 마리아가 아기예수를 안고 헤롯왕을 피했을 때 머무른 곳으로 천연석회암 동굴 위에 지어졌다. 기원후 303년 로마 황제 막시밀란 때에 시리아의 라사파에서 순교한 세르기우스와 바쿠스를 기념해 세운 교회이며, 기원후 10세기경 또 재건했다.

이집트의 초대 교회 구성원들이 비밀 회합을 가지던 장소였다고도 한다. 교회는 이집트 비잔틴 바실리카 양식이며 넓은 회중석과 2개의 긴 통로가 있다. 예수님의 12제자를 상징하는 12개의 기둥은 다른 고대 건축물에서 옮겨온 것이다. 11개의 기둥은 비잔틴 양식의 조각들이 장식되어 있으며 기둥 위에는 제자들로 여겨지는 성화들이 있다. 나머지 기둥 하나는 장식없는 붉은색의 화강암으로 만들어졌는데 가리옷 유다를 상징하는 기둥이라고 한다. 예수님 일행이 피난했던 동굴 입구는 예배당 맨 왼쪽의 성소 안에 있다. 이집트에는 예수께서 피난하신 성소가 여러 곳이 있다. 카이로 빈민촌에 있는 동굴 교회와 아기예수와 요셉 일가가 파피루스 배를 타고 남쪽으로 피신했던 곳에 세워진 마리아 곱틱 교

아기예수 피난교회 입구

동굴 입구

아기예수 피난교회 내부

회도 있다. 피난 중 마리아가 잠시 쉬며 아기예수에게 젖을 먹인 곳이라고 전해지는 헬리오폴리시온이라는 마리아의 샘도 있다.

벤 에스라 회당

모세 기념교회(Ben Ezra Synagogue)라고도 부르는 벤 에스라 회당(Ben Ezra Synagogue)은 아기예수 피난교회에서 아주 좁은 골목길로 삼십분 정도 걸어가면 나온다. 이 교회의 설립 배경에는 세 가지 설이 있다. 아기모세를 담았던 갈대 상자가 발견된 곳, 아기모세가 애굽의 공주에 의해 발견된 곳, 또는 모세가 출애굽 전에 기도했던 곳에 지었다는 것이다. 원래는 기원전 6세기경 콥틱 교회로 지었으나, 9세기경 이슬람의 통치 시절 세금 낼 돈이 없어 유대인 벤 에스라(Ben Ezra)에게 팔렸으며 이후 유대인 회당으로 개조되었다. 이 교회는 기원후 870년경부터 1880년경까지 유대인들이 아람어와 히브리어로 기록한 구약 사본인 '카이로 게니자'(Cairo Geniza)가 발견되면서 더욱 유명해졌다.

기자 피라미드(Giza Pyramid)

기자는 카이로 서쪽 나일강에서 약 4마일 정도 거리의 사막지대에 있다. 이곳에는 이집트 고왕국 4왕조 때 지어진 쿠푸의 대피라미드와 카프레의 피라미드, 멘카우레의 피라미드 등 3대 피라미드를 비롯해 그에 딸린 소규모 피라미드와 스핑크스가 함께 있다. 이 피라미드 군은 고대 이집트 피라미드 중 가장 규모가 큰 것이다. 현존하는 고대 7대 불가사의 건축물 중 하나로, 그 중에서도 4500년 전의 것으로 가장 연대가 오래되었고 유일하게 남아 있는 것이기도 하다. 쿠푸왕의 피라미드는 가장 큰 피라미드로 높이 480피트, 한 변의 길이 755피트, 평균 2.5톤에서 15톤의 사이의 돌 230만 개를 쌓아올린 장대한 건축물이다. 기원전 2558년부터 25년간 제위

기자의 피라미드

한 제4왕조의 카프레의 피라미드는 중간 크기이며, 그 뒤를 이은 멘카우레의 피라미드는 높이가 230피트로 가장 작은 피라미드다. 스핑크스는 인간의 머리와 사자의 몸통을 지닌 태양신이다. 쿠푸왕의 피라미드를 건설하고 남은 바위산으로 조각한 것으로 추정하는데, 이들은 모두 이집트를 생각하면 가장 먼저 떠올리는 이집트의 상징물이 되었다.

카이로 고고학 박물관(Archaeological Museum of Cairo)

이집트의 고대 왕조 유물들은 수천 년 전부터 도굴과 해외 반출 등으로 수난을 겪었다. 과거 그리스·로마 시대부터 이슬람 시대에 이르기까지 모스크 다른 건축물 등을 건설하면서 많은 유물들이 훼손되기도 했다. 1799년 7월에 발견된 로제타스톤으로 이집트 상형문자가 해독되면서 이집트 유물의 세계적인 가치를 제대로 인정받기 시작했다. 또 유물의 보존에도 많은 사람들이 노력을 기울였다. 특히 프랑스인 장 프랑수아 상폴리옹(Jean-François Champollion)은 이집트 유물을 보존하는 데 큰 역할을 했다. 그는 1834년 이스마일리아에서 발견된 고대 이집트 유물의 체계적인 보존을 위해 이집트 유물 보호국을 설립했다. 1858년에는 아

우구스트 마리에트(August Mariette)가 고적관리 감독관으로 임명되었으며, 1863년 불라크(Bulaq) 지역에 있는 회사 건물을 빌려 최초의 박물관을 건립했다. 현재 카이로 타흐리르 광장(Tahrir Square)에 세워진 카이로 박물관 건물은 1895년~1902년간 국제 입찰로 건축한 것이다. 그러나 이보다 더 과학적이고 첨단 시설을 갖춘 새로운 박물관을 건립해 이전 중에 있다.

현재의 박물관에는 선사 시대부터 이집트의 모든 왕조의 유물 10만 여점이 보관되어 있다. 1층은 고왕조, 중왕조 신왕조의 유물과 그레코로만 시대의 유물이 전시되어 있고, 2층은 투탕카멘의 무덤에서 발견되어 세계적으로 가치를 인정받는 투탕카멘의 황금 가면과 황금 의자 등 주요 유물과 신왕조 시대의 미라와 기타 유물이 전시되어 있다.

카이로 고고학 박물관

02

카이로 북부 고센지역

고센 지역은 헤브론 남서 쪽 약 8마일 지점, 카이로 동북 쪽 나일강 하류 삼각주 지역으로 추정한다. 이 지역은 야곱의 후손 이스라엘 백성이 430년간(창46:27) 살아온 지역이며, 그들이 바로(파라오)를 위하여 국고성 비돔과 라암셋을 건축한 지역이기도 하다. 이곳에서는 3500년 전의 라암셋(람세스) 2세의 문장이 새겨진 돌들과 볏짚을 섞어 만든 벽돌의 흔적들이 남아 있다. 예부터 목축에 알맞은 곳이라고 알려진 고센은 '땅 중에서 좋은 곳' '축복받은 땅'(창47:6)이란 의미의 지명이다.

비돔

비돔(Pithom)은 성경에 한번 언급되는 곳으로 라암셋과 같이 애굽의 국고성이다. 국고성은 바로(파라오)의 곡식을 저장해두는 성읍이었다. 새로운 바로는 국고성 비돔과 라암셋을 건설하면서 히브리 노예들을 가혹하게 부렸다고 성서는 언급하고 있다.

"감독들을 그들 위에 세우고 그들에게 무거운 짐을 지워 괴롭게 하여 그들에게 바로를 위하여 국고성 비돔과 라암셋을 건축하게 하니라"(출1:11).

1993년 1월 스위스 출신의 고고학자인 나빌은 삼각주 지역의 텔 유적지를 발굴하는 과정에서 '텔 엘마스쿠타(Tell elMaskhuta)'를 비돔으로 확정하고 발굴을 시작했다.

그곳에서 출토된 비문에 의하면 비돔은 고대 이집트어로 '페르아툼'을 히브리어로 음역한 것이며 태양신 아툼의 신전이 있던 곳으로 추정한다. 이곳은 이집트 15왕조인 힉소스 민족의 중심 도시였으며 우상들의 언덕이라 칭하기도 했다. 중기 청동기 시대의 주거지 2헥타르와 람세스 2세의 석상과 15왕조 시대의 토기들이 출토되었다. 유물로 보아 고대에는 꽤 번성한 곳이었으나 점차 쇠락하여 폐허가 되었다. 그 후 기원전 610년경부터 로마 시대까지 항구와 요새로 재건되었으며, 이집트 26왕조의 느고(네코 2세)왕은 홍해와 나일강을 연결하는 운하를 건설했다. 출토된 비석에 의하면 운하의 완공은 페르시아의 다리우스왕 때였다고 한다.

라암셋

라암셋(Rameses)은 나일강 하류 삼각주 중앙 부분에 있는 성읍이다. 비돔과 함께 람세스 2세가 건설한 국고성이며, 이스라엘 민족의 출애굽한 출발지였다(출12:37). 람세스 2세 시대의 이집트의 수도는 룩소르와 테베이었지만, 리암셋도 그에 못지않게 중요한, 이집트의 아래 지역의 수도 역할로 건설한 곳이다. 라암셋의 추정지는 타니스(Tanis)로 불리는 텔 산 엘 하가르(Tel san el Hagar)라는 곳과 아바리스라 불리는 텔 엘 다바(Tel el Daba)이다.

최근의 고고학적 발굴 결과로는 아바리스를 라암셋으로 보는 견해가 지배적이다.

라암셋의 유적

이곳에서는 아문 신전을 발굴하였고, 왕들의 유해가 보관된 지하묘지는 물론이며 람세스 2세의 석상과 거대한 오벨리스크 등이 발굴되고 있다. 당시 흙으로 만든 벽돌들도 많이 남아 있다. 성서에서도 총리대신으로 출세한 요셉의 배려로 그의 가족들이 거주했던 곳이 고센 땅 중에서도 라암셋이라고 기록하고 있다.

람세스 석상

왕들의 무덤

"요셉이 바로의 명령대로 그의 아버지와 그의 형들에게 거주할 곳을 주되 애굽의 좋은 땅 라암셋을 그들에게 주어 소유로 삼게 하고"(창 47:11).

피베셋

피베셋(Pibeseth)은 성경에는 "아웬가 피베셋의 장정들은 칼에 엎드러질 것이며 그 성읍의 주민들은 포로가 될 것이라"(겔30:17)라고 한번 언급되는 성읍이다.

카이로 동북쪽 22마일 지점에 있는 나일강 삼각주 동부 자가지그(Zagazig) 근처에 있는 '바스테트 신의 집'이란 의미의 텔 바스타(Tell bastwh)의 유적지가 있다. 바스테트 여신은 일반적으로 고양이와 암사자의 머리를 가진 모습으로 묘사되는데 여러 신들 중 권위가 하급에 가까운 여신이었다. 바스테트의 헬라어 명칭은 부바스티스로 성경의 피베셋으로 추정하고 있다.

이곳은 고왕국 시대 말기와 중왕국 시대에 이르기까지 이집트의 주요 도시였으며, 12왕조 때에는 종교와 행정의 중심 도시이기도 했다. 기원전 935년부터 914년까지 집권한 22대 왕조 시대에는 주거지와 신전들을 확장하여 룩소르에 버금가는 이집트 제2의 도시로 만들려고 했다. 기원후 642년 아랍의 세력이 이집트를 정복할 당시까지도 도시의 규모를 유지했다. 대표적 유적으로는 고양이 신을 섬겼던 신전 터와 왕궁 터가 있다. 최근 신전 터에는 하셉수트 여왕의 석상을 발굴했는데, 여왕은 모세를 양자로 삼은 공주로 알려져 있다.

알렉산드리아

알렉산드리아는 기원전 331년 마케도니아의 알렉산더 대왕이 이집트를 정복하고 세운 도시다. 이집트 북쪽 지중해에 인접해 있는 이집트 제2의 항구도시로 건설 당시에는 아테네, 로마와 함께 세계 3대 도시로 꼽혔다.

사도 바울이 로마로 갈 때 무라에서 알렉산드리아 행 배를 탔고(행 27:6), 멜리데에서 로마로 갈 때도 알렉산드리아 행 배를 탔다. 히브리어로 된 구약성경을 최초로 헬라어로 번역된 곳이며, 사도 바울과 전도여행을 하던 마가는 알렉산드리아에서 처음 복음을 전했다. 마가가 순교한 후, 마가 기념교회가 세워졌다. 그러나 기원후 828년 베네치아 사람들이 마가의 유해를 베네치아로 옮겨 성 마가 교회를 짓고 유해를 안치했다. 기원후 391년에는 기독교인들이 이집트의 신 세라피스의 동상을 파괴하고 그 자리에 세례요한 교회를 건축했다.

마가 기념교회

폼페이 기둥

알렉산드리아에는 고대 세계 7대 불가사의 중에 하나인 기원전 280년경 프톨레마이오스 1세가 세운 높이 180m 파로스 등대와 알렉산드리아 도서관이 있었던 것으로 유명하다. 둘 다 고대의 세계에서 가장 큰 등대이자 도서관이었다. 파로스 등대는 기원후 956년과 1303년에 일어난 지진으로 파괴되어, 15세기에 카이트 베이 요새를 그 자리에 건설했다. 이외에 3세기경에 세워진 폼페이 기둥 등 많은 유적이 남아 있다.

기독교 역사에서 보면 성경 교사였던 아블로 등 초기 기독교의 중심지로 중요한 인물들을 많이 배출했고, 예루살렘의 멸망 이후에는 유대교의 중심지 역할을 했다.

03

룩소르

룩소르(Luxor)는 고대 이집트의 수도다. 성경에는 '노아돈'과 '노'라고 언급되며, 고대 이집트에서는 테베, 아랍 시대 이후에 룩소르라고 불렸다. 예레미야는 아몬신을 섬기는 노를 심판하겠다고 예언했다(렘45:25). 에스겔은 니느웨 함락을 예언할 때 노아몬도 함께 멸망할 것이라고 예언했다(겔30:14-16).

이집트 19왕조부터 행정상의 수도는 라암셋이었지만, 실질적으로 룩소르가 나라의 중심 도시 역할을 했다. 토양이 비옥하고 나일강의 상류 지역이라 홍수 피해도 적은 지리적 특성 때문이었다. 고대 이집트인들은 동쪽은 산 자들의 도시이며 서쪽은 죽은 자들의 도시라고 생각했다. 그래서 룩소르는 나일강을 사이에 두고 동쪽에는 신전과 산 자들의 도시가 건설되었으며 서쪽에는 무덤들이 만들어졌다. 왕들의 무덤은 물론이고 고대 이집트의 대표적인 건축물인 카르낙 신전과 룩소르 신전, 합세슈트의 장제전 등 수많은 유적들이 룩소르에 남아 있는 이유이다.

아몬신에게 바친 카르낙 신전은 룩소르의 신전 중 가장 오래 되었으며 규모도 꽤 있다. 이 신전과 연결된 남쪽의 룩소르 신전은 성경과 연관이 있는 투트모세 3세의 정복 도시 목록과 시삭의 정복 도시 목록, 그리고 아스글론 벽이 있다. 이 신전은 제18왕조인 아멘호테프 3세가 건설했으나 아멘호테프 4세가 파괴했다. 이후 투탕카멘과 호렘왕이 복구하였고, 나중에도 여러 왕에 의해 증축되었다. 원래 신전 입구에는 두 개의 거대한 오벨리스크가 있었는데, 현재 하나는 프랑스 파리의 콩코드 광장 중앙에 옮겨져 있다. 신전 성소의 로마 시대 예배당엔 예수님과 제자들, 또 십자가의 성화가 남아 있다.

강 서쪽으로는 왕들의 무덤이 있는 '왕들의 계곡'이 있다. 그 유명한 투탕카멘의 무덤과 투트모세 1세, 아멘호테프 3세의 무덤, 아멘호테프 3세의 신전 앞에 있던 멤논의 거상상 등이 이곳에 있다. 또 이집트 장례문화를 알 수 있는 하셉수트의 장제전, 투트모세 3세의 장제전, 람세스 4세의 장제전 등도 남아 있다.

이집트의 고왕국과 중왕국 시대에는 왕들의 무덤이 기자지역과 멤피스, 사카라지 등에 피라미드 형식으로 남아 있다면, 신왕국 시대 왕들의 무덤은 모두 룩소르에 있다. 또 왕비의 무덤인 '왕비의 계곡'도 이곳에 있는데, 가장 유명한 것으로는 람세스 2세의 왕비인 네페르타리의 무덤이다.

또 이스라엘 석비라 부르는 메르넵타 석비는 이스라엘의 명칭이 최초로 기록된 귀중한 유물이다.

왕들의 계곡

카르낙 신전

룩소르 신전

룩소르 신전

04

시나이 반도

마라

마라(Marah)는 우물을 뜻하는 '아윤'과 모세를 뜻하는 '무사', 즉 '모세의 우물'이라고 하는 '아윤 무사(Ayun Musa)'로 추정하고 있다. 이스라엘 백성들은 이곳의 물이 써서 마시지 못하게 되자 하나님과 모세를 원망하였고, 모세는 하나님께 기도를 드리고 계시를 받아 나뭇가지를 우물에 던져 물맛이 달게 변하게 했다.

"마라에 이르렀더니 그 곳 물이 써서 마시지 못하겠으므로 그 이름을 마라라 하였더라"(출15:23).

지금도 이곳은 염분 섞인 쓴 맛의 물이 나오고 있다. '마라' 또한 쓴 맛을 의미한다. 주변에 모세의 우물이라 불리는 우물들이 있으며, 성경에서 종려나무라고 부르는 대추야자 나무들이 많이 자라고 있다.

돕가

돕가(Dophkak)는 엘림을 떠나 시내산으로 가던 이스라엘 백성들이 알루스에 진을 치기 전에 머물렀던 곳이다. 오늘날의 세라비트 엘 카딤(Serabit El Khadim)을 돕가로 추정한다. 이스라엘의 출애굽 여정은 대부분 당시의 광산 길이었는데, 돕가의 어원은 이집트의 터키석에서 왔다. 세라비트 엘 카딤은 '노예의 언덕'이라는 뜻으로 토착민인 베두인 족들이 이집트인 감독 아래 사암층에서 터키석을 채굴하는 일을 하였다고 한다. 이곳엔 기원전 2000년 전 이집트 제12왕조 때부터 구리와 터키석을 채굴한 광산이 있었다.

돕가는 수에즈 만에서 약 13마일 떨어진 시나이 반도 남쪽 지역으로, 구리 광산과 하토르 신전 유적이 있다. 기원전 1500년경에 쓴 원 시나이 비문(Proto Sinaitic Inscription)은 가장 오래된 알파벳으로 알려져 알파벳 발달의 중요한 연구자료로 쓰이고 있다.

르비딤

르비딤(Rephidim)은 이스라엘 백성이 하나님의 지시대로 신광야를 떠나며 시내 광야와의 사이에 진을 친 곳이다. 그들은 두 광야 사이의 알루스에서 르비딤을 거쳐 시내산이 있는 시내 광야에 도착한다.

"이스라엘 자손의 온 회중이 여호와의 명령대로 신광야에서 떠나 그 노정대로 행하여 르비딤에 장막을 쳤으나 백성이 마실물이 없는지라"(출17:1).

르비딤은 평원이란 뜻으로 홍해를 건너 시내산으로 가는 노정에 있는 가장 큰 오아시스 마을이다. 주변 도로를 따라 2마일 정도에 걸쳐 대추야자 나무와 잡목들이 우거져 있다. 모세는 이곳에서 하나님의 명령에 따라 지팡이로 반석을 쳐 샘물이 솟아나게 하여 백성들의 갈증을 풀어주었다. 백성들이 하나님을 시험하고 모세와 다툰 일로 인해 이곳을 맛사 또는 므리바라고 불렀다.

"그가 그곳이름을 맛사 또는 므리바라 불렀으니 이는 이스라엘 자손이 다투었음이요 또는 그들이 여호와를 시험하여 이르기를 여호와께서 우리중에 계신가 안계신가 하였음이더라"(출17:7).

시내산으로 추정하는 세르발산 남동쪽에 있는 르비딤, 맛사, 므리바는 이름은 다르지만 다 같은 장소다. 다른 한편에선 와디 페이란을 르비딤으로 보는 견해도 있다. 돕가에서 와디 바바나 남동쪽을 통하면 알루스로 추정하는 와디 무카타브가 있고, 와디 무카타브와 르비딤으로 추정하는 와디 페이란이 연결되는 지리적 이유 때문이다.

모세 일행은 르비딤에서 식수 문제가 해결되자 아말렉 족속이 몰려와서 전투가 벌어졌지만, 모세의 기도와 여호수아를 중심으로 이들을 물리쳤다. 이는 약속의 땅으로 가기 위한 여러 고난 중에 하나였을 것이다. 기원후 4세기에 이곳에는 많은 수도사들이 모여 수도원과 교회를 건축하고 이 지역을 교구로 지정했다. 파이란 수녀원 북쪽에는 모세가 손을 들어 기도해 아말렉을 물리쳤던 풍차의 언덕으로 불리는 타후네 산 등 여러 교회의 유적들이 남아 있다.

시내산

시내산(Mt. Sinai)은 이스라엘 자손이 르비딤을 떠나 도착한 시내 광야에 있는 산이다. 시내산은 하나님의 산 호렙 , 여호와의 산으로 불렀다.

"그들이 르비딤을 떠나 시내광야에 이르러 그 광야에 장막을 치되 이스라엘이 거기 산 앞에 장막을 치니라 모세가 하나님앞에 올라가니 여호와께서 산에서 그를 불러 말씀 하시되 너는 이같이 야곱의 집에 말하고 이스라엘 자손들에게 말하라"(출19:2-3)

시내산은 출애굽기, 레위기, 민수기에 하나님께서 아브라함 자손들에게 율법을 주신 산으로 모두 15차례 기록되었다. 모세가 하나님을 대면해 십계명을 받고, 창조주가 머물렀던 하나님의 성산이다. 또 3,500년 전, 출애굽 한 이스라엘 백성이 여호와 하나님을 처음 만났으며, 여호와께서 그들의 하나님이 되기로 첫 언약을 맺은 곳이기도 하다. 그러나 성경에서 이토록 큰 의미를 차지하는 시내산의 위치는 여전히 논쟁 중에 있다. 시내산이 이집트 시나이 반도에 있다는 주장과 사우디아라비아 반도에 있다는 주장도 있지만, 4세기 이후 지금까지 전통적으로 순례자와 학자들이 시내산이라며 찾아간 곳은 성 캐서린 수도원이 있는 시나이 반도 남쪽 제벨 무사(Jebel Musa)다.

제벨 무사는 해발 7,500피트 높이의 산이다. 이곳은 아랍인들이 점령한 후 모세산이라고 불렀다. 모세가 시내산에 오르고, 이스라엘 자손들이 그를 기다린 시내 광야는 '휴식'이라는 뜻이 있는 에르 라하 평원 지역으로 추정하고 있다.

제벨 무사로 올라가는 길은 낙타를 타고 올라갈 수 있을 정도로 잘 정돈된 등산로와 정상 가까이에는 750개의 계단이 만들어져 있다. 그 길에는 '회계의 문'이 있고 정상에는 1934년에 세워진 삼위일체 교회가 있

시내산

캐서린 수도원

다. 이 교회는 기원후 4세기에 세운 교회 터 위에 있는데, 하나님께서 모세에게 말씀을 전한 곳이라고 전해지고 있다.

성 캐서린 수도원은 기원후 330년 콘스탄티누스 황제의 어머니인 헬레나 성녀가 모세가 본 떨기나무와 상모마리아 기념교회를 보호하기 위해 세웠다. 이후 기원후 548년 유스티니아누스 황제는 수도원을 보호하기 위해 성벽을 쌓고 수도원을 확장하기도 했다. 이후 지금까지 이 수도원은 침략당하는 일이 없었다. 고대 성화를 비롯해 시내산 사본과 희귀 성경 1,000여 점 이상의 성경 사본을 고스란히 보관하고 있다.

기브롯 핫다아와

기브롯 핫다아와(Kibroth Hattaavah)는 '탐욕의 무덤'이라는 의미를 갖고 있다. 시내산 북동쪽 23마일 지점의 돌무덤이 있는 곳을 기브롯 핫다아와로 추정하고 있다.

시내산을 떠난 이스라엘 백성은 기브롯 핫다아와에 도착하기 전에 다베라에서 하나님의 심판을 받는다. 앞으로 가지 않고 뒤에서 불평과 불만으로 하나님을 원망하는 것을 본 하나님께서는 하늘에서 불을 내려 이들을 심판하였다. 그럼에도 그들은 고기를 요구하며 울고, 불평을 하여 하나님은 메추라기를 보내 고기를 먹게 하셨다. 그러나 이들은 더 탐욕을 부리니, 하나님께서 고기를 구운 자들을 죽게 하는 큰 재앙을 내리신 곳이 기브롯 핫다아와이다.

하세롯

시내산을 떠난 이스라엘 백성들은 기브롯 핫다아와를 지나 하세롯에 진을 쳤다.

"백성이 기브롯 핫다아와에서 행진하여 하세롯에 이르러 거기 거하니라"(민11:35)

하세롯(hazeroth)은 바란 광야의 한 지역으로 '뜰', '마을'이라는 뜻을 지니고 있으며, 로빈슨 등 성서 학자들은 '아인 쿠드라'로 추정하고 있다. 이곳은 제벨 무사에서 동북쪽으로 18마일 정도 떨어진 오아시스이며, 아직도 베두인 족들이 거주하고 있다.

아론과 미리암은 이곳에서 모세가 구스 여인을 취하였다고 비방함으로 하나님의 진노를 받아 미리암이 문둥병이 걸린 곳이기도 하다. 그래서 이스라엘 백성들은 미리암의 문둥병이 치료되어 돌아오는 날까지 그 곳을 떠나지 않았다(민12:1-15).

하세롯 전경

가데스 바네아

하로셋을 출발한 이스라엘은 북진하여 가데스 바네아(Kadesh Barnea)에 이르렀다. 가데스 바네아는 출애굽 여정지 중 가장 정확한 위치가 확인된 곳이다. 이스라엘의 브엘세바 남쪽에서 약 35마일 지점에 있는 오아시스 지역으로 시내산을 출발하여 11일 만에 도착했다.

"호렙 산에서 세일 산을 지나 가데스 바네아까지 열 하룻길이었더라"(신1:2).

이곳에서는 고라의 무리가 조직적으로 반기를 들었다가 멸망을 당했으며, 미리암이 죽어 장사를 지냈고, 부족한 물 때문에 모세를 공격하자 모세는 하나님의 명령대로 반석을 두 번 쳐서 물이 솟아나게 한 곳이다.

"모세가 그의 손을 들어 그의 지팡이로 반석을 두 번 치니 물이 많이 솟아나오므로 회중과 그들의 짐승이 마시니라"(민20:11).

이들은 이곳에서 가나안에 열두 정탐꾼을 보냈는데, 돌아온 열 명의 정탐꾼들 모두 부정적으로 보고했다. 그들의 말을 들은 이스라엘 백성들은 하나님에 대한 믿음보다도 현실을 불평하고 원망함으로 광야에서 40여 년을 방랑하게 되었다(민13:1-33).

이곳에는 아인, 즉 '샘'이라는 뜻을 가진 아인 엘 쿠데이라트, 아인 케데이스, 아인 코세이메라는 세 개의 샘이 있는 곳이다. 이 중에 가장 큰 샘인 아인 쿠데이라트 부근에는 바네아 평원이라는 평원이 있어 이스라엘 백성들이 머물렀을 것으로 추정한다.

아브라함은 남방 여행 시 이곳 가데스까지 이르렀고, 하갈도 광야로 도망쳤을 때 이곳의 샘을 만났으며, 이삭도 이 우물 가까이에 기거했다고 성경에 언급되어 있다.

이곳에서는 기원전 10세기부터 6세기까지 만들어진 성채와 페르시아 시대의 방어벽이 발굴되었고, 히브리글이 있는 토기 조각들과 도자기, 주전자, 항아리 그리고 쇠로 된 화살촉 등이 발견되었다. 지리적으로는 이스라엘 땅으로 영토 최남단 지역이지만, 출애굽 여정의 연결선상에 있어 이집트 편에 소개하게 되었다. 서쪽은 애굽의 강 와디 엘 아리슈에 가깝고, 동쪽은 에돔과 또 아모리 족속의 산지길과도 인접하고 있다.

6

이탈리아의 성지

로마

로마 남부

이탈리아는 유럽대륙의 남부 지중해에 있는 반도 국가로 시칠리아섬, 사르데니아섬을 비롯한 많은 섬들로 이루어진 국가다. 면적은 한반도의 1.5배에 크기이며 북쪽으로 알프스산을 머리에 두고 삼면은 지중해에 둘러싸여 있다. 북부지방은 유럽의 여러 나라와 국경을 접하고 있으며, 국토의 80% 이상이 산악지대이다.

지중해성 기후와 아열대성 기후가 혼재해 북부 알프스 지역은 겨울에 춥지만, 대부분의 계절과 지역은 전반적으로 온난하다. 산업은 관광 산업을 비롯해 가죽 공예, 금은 세공 및 도자기 산업 등에서는 세계 최고의 수준을 자랑한다. 유럽연합에 속해 있는 국가인 만큼 유로를 사용하고, 종교의 자유가 있으나 국민의 90% 이상이 가톨릭 신자다.

이탈리아에 대한 성경의 기록은 사도 바울과 관계된 기록들이 대부분이다. 바울 일행은 멜리데를 떠나 시칠리아의 수라구사에 들렀다가 본토 가장 남쪽인 레기온에 도착했다. 그리고 지금의 나폴리 항구가 있는 나폴리만에서 가장 큰 무역항이었던 보디올로 가고, 거기서 육로를 통해 트레이스 타베르네를 지나 로마에 도착한다.

01

로마

수도 로마는 기원전부터 서구 문명을 발달시키는데 큰 업적을 이룬 도시다. 모든 길은 로마로 통한다는, 바로 그 로마제국의 본 바탕이다. 앞서 다닌 성지순례길, 성지 어느 곳에서도 로마의 흔적이 남아 있다. 예수님께서도 로마제국에 의해 죽임을 당하셨다.

로마는 이탈리아 반도 중앙에 위치하고 있으며 전체가 평야로 이루어진 곳이다. 가장 높은 지역이 불과 해발 150피트인 캄피돌리오 언덕이다. 이 언덕은 처음 로마가 탄생한 곳이다.

기원전 1세기부터 로마의 위상은 높아지기 시작했다. 예수님 당시에는 동쪽의 동부 유럽을 비롯하여 유프라테스강까지, 남쪽으로는 지중해를 석권하고 북쪽의 모든 유럽 대륙과 아프리카, 아시아까지 영토를 확장하는 대제국을 건설했다. 그래서 지금까지도 그 지역 모두에서 로마의 유산들을 만나 볼 수 있다.

콜로세움

콜로세움(colosseum)은 고대 로마제국 시대의 건축물로 5만 명을 수용할 수 있는 원형극장이다. 기원후 72년 베스파시아누스 황제 때 기공하여 8년 후인 티투스 황제 때 완공했으며 본래는 '플라비우스가의 원형극장'

으로 불렀다. 3층 건물의 외벽은 이오니아식, 도리아식, 코린트식의 건축양식으로 장식했는데 중앙 무대는 나무 바닥이었다. 그 지하에는 맹수들과 검투사들을 가두어 놓은 곳으로 사용했다.

콜로세움이라는 이름은 근처에 있었던 네로 황제의 거대한 동상(colossus)에서 '거대하다'는 의미에서 유래되었다. 로마제국의 전성기에는 5만 명에서 8만 명의 관중들을 수용할 수 있었으며, 주로 검투사들의 결투가 벌어진 곳이다. 모의 해전, 동물 사냥, 신화의 재연 등 다양한 행사들도 펼쳐졌다. 기독교인들에 대한 박해가 극심했던 시대에는 수많은 초기 기독교인들이 순교를 당한 장소이기도 하다.

콜로세움

쿼바디스 기념교회

기원후 64년 7월 18일, 로마에 대화재가 일어났다. 불이 도시 2/3를 삼킬 정도의 엄청난 화재였다. 당시 네로 황제는 화재의 원인을 기독교인들에게 돌려 극심한 박해를 하게 된다. 베드로도 박해를 피해 로마를 탈출하다가 압피아 가도에서 예수님을 만나게 된다. 베드로는 '도미네 쿼바디스(Quo Vadis Domine)?', 즉 "주여 어디로 가시나이까?"라고 묻는다. 예수님께서는 "나는 네가 버리고 가는 로마의 어린양들을 위해 다시 십자가를 지려고 로마로 가노라"라고 대답하셨다. 이에 깨달음을 얻은 베드로는 바로 회개하여 로마로 돌아간다. 그리고 십자가에 거꾸로 매달려 순교한다.

쿼바디스 기념교회는 베드로가 예수님을 만난 장소에 세운 기념교회로 당시에 찍힌 예수님의 발자국은 산 스바티아노 교회에 보존되어 있다.

카타콤

카타콤(Catacomb)은 박해를 피해 숨은 기독교인들이 비밀리에 신앙생활을 하던 곳이다. 원래 로마시 외곽 지역의 기독교인들 묘지였으나, 기독교인들이 땅굴을 파고 예배를 드린 곳이다. 지금까지 발견된 카타콤은 로마로 통하는 압피아 가도를 중심으로 무려 15개나 된다. 내부는 길을 찾기 힘든 미로로 이루어져 있어 로마 병사들에게 발각되어도 몸을 피

도미틸라 카타콤 지하 교회

갈리투스 카타콤의 성 세실리아 무덤

할 수 있게 만들어졌다. 그 중 성 갈리투스 카타콤은 내부 미로의 길이만 10마일에 달하며, 도미틸라 카타콤은 길이가 100피트에 폭이 56피트나 되는 엄청난 규모의 지하 동굴 교회다.

교회 내부에는 성경 이야기를 그린 벽화들로 가득하다. 그 중 크리스천을 물고기 모양으로 그린 표시가 많이 발견되었는데, 이는 헬라어로 익투스(Ichthy)로 '예수그리스도는 하나님의 아들 구원자이다'라는 머리글자이며 기독교인들 간의 표식이었다.

바울 무덤 교회

오스티엔세 대성당으로 불리는 바울 무덤 교회는 베드로 대성당 다음으로 규모가 큰 교회다. 4세기에 콘스탄티누스 황제의 뜻에 따라 바울의 무덤이라고 추정되는 자리에 이 교회를 세웠다.

바울 무덤 교회

세분수 교회

로마 아우렐리아 성에서 3마일 정도 거리엔 바울이 순교한 장소에 세운 세분수 교회가 있다. 사도 바울이 참수당한 후 목이 바닥에서 세 번 튀었는데, 그 자리에서 물이 솟았다. 그 자리에 '트레 폰타나(Tre fontana)'라는 세분수 수도원을 지었다고 한다. 지금도 바울을 참수한 기둥이 남아 있다. 바울은 십자가 형을 받은 다른 기독교인들과 달리 참수형을 당했다. 이는 그가 로마 시민이었기 때문으로, 십자가 형에 비해 고통이 덜하다고 한다.

바울과 베드로가 갇혔던 감옥

세분수 교회 옆에는 천국계단 교회가 있는데, 이곳 지하에는 바울이 죽기 전 갇혔던 마메르틴 감옥이 있다. 베드로도 이 감옥에서 수형 생활을 했다.

바울이 참수된 기둥

세분수 교회와 천국계단 교회

베드로 대성당

베드로 대성당은 서기 67년에 순교한 예수의 열두 제자 가운데 한 사람이자 성 베드로의 무덤 위에 세웠다. 작은 기도처였으나 기원후 326년 콘스탄티누스 황제가 교회를 세워 성 베드로의 시신을 대성당 제대 아래에 안치했다. 이런 까닭으로 오늘날까지 교황이 선종하면 시신을 제대 아래에 안치하는 전통이 이어져 오고 있다. 대성당의 재건축은 1506년 4월 18일에 교황 율리우스 2세가 시작해 교황 우르바누스 8세 때인 1626년 11월 18일에 라틴십자가 형의 건물로 완공되었다.

성 베드로 대성당은 그 종교성과 역사성, 예술성으로 세계적 문화유산이 되었다. 르네상스부터 바로크에 이르기까지 브라만테, 라파엘로, 미켈란젤로, 포르타, 마데르나 등 수많은 당대의 예술계 거장들이 오랜 세월에 걸쳐 참여했다.

1040년부터 9년간 베드로 대성당 지하를 발굴했으며, 당시 고고학자들에 의해 베드로의 분묘임이 확인되었다.

베드로 대성당 광장

성당 안의 베드로 동상

포로 로마노

포로 로마노(Foro Romano)는 베네치아 광장과 콜로세움으로 가는 길목에 있다. 고대부터 내내 로마 시민의 정치와 경제, 문화의 중심지로 로마제국의 상징과도 같은 장소다. 주요 정부 기관 건물들이 들어서 있던 직사각형 모양의 광장으로 고대에는 '포룸 마그눔(Forum Magnum)'이라고 불렀다. 이곳에서는 개선식, 공공 연설, 선거, 심지어는 검투사 경기까지 국가의 중대 행사가 열렸다. 현재는 당시의 건물 잔해와 기둥만 남아 있으며 광장 양편엔 팔라티노 언덕과 캄피돌리오 언덕이 있다. 카이사르가 암살당한 장소이며, 이밖에도 안토니우스 등 유구한 고대 로마 영웅들의 활약과 흥망의 자취가 남아 있는 곳이다.

포로 로마노

02

로마 남부

바울이 로마로 압송되어 온 길

압비아 가도

고대 로마의 대표적인 길로 압비아 가도(Appian Way)를 꼽을 수 있다. 너비 26피트에 23마일에 이르는 돌로 포장한 이 도로는 아피우스 클라우디우스 카이쿠스가 기원전 312년에 건설했다. 도로명은 그의 이름에서 유래되었다. 이후 이 도로는 남부의 항구인 타란토를 지나 동부의 항구 브룬디시까지 연장되었다. 그 후로도 계속 연장되어 외지를 포함한 로마로 통하는 모든 길에 연결되었다. 네압볼리와 빌립보 등에도 그 길의 흔적이 남아 있다.

사도 바울도 이 길을 다녔다. 보디올에 상륙해 이 가도를 통해 압비아 광장을 지나 트레이스 타베르네(삼관)를 거쳐 로마에 이르게 된다. 이 길은 그가 전도를 위해 걸었던 길이며, 죄인의 몸으로 로마로 압송되며 복음을 전한 곳이며, 또 순교한 길이다.

압비아 가도

보디올

보디올(Puteoil)은 나폴리 북쪽에 있는 도시로 사도 바울이 로마로 가던 길에 하선한 이탈리아 본토의 항구다(행28:13). 지금은 포추올리(Pozzuoli)라고 부른다. 포추올리는 샘, 온천이라는 뜻으로 예부터 유황을 생산하고 온천이 많아서 유래했다. 지금도 100도가 넘는 유황 온천물이 솟아나고 있다.

바울 기념교회

바울 시대에 이 도시에는 오순절에 예루살렘을 갔던 로마인들이 복음을 전해 듣고 로마로 돌아와 전도를 한 기독교인들이 있었다. 바울은 이들의 대접을 받으며 일주일 간 머물렀다가 압비아 가도를 통해 로마로 향했다.

해안가에는 바울의 도착을 기념하는 바울 기념교회가 있다. 바울이 보디올에 도착했다는 성경 말씀이 교회 앞에 기록되어 있다.

그 외에도 콜로세움, 또 이탈리아에서 3번째로 규모가 큰 원형극장이 있다. 이 극장은 1세기경에 세워진 것으로 40,000명을 수용하는 규모였다. 아직도 완전하게 보전된 지하는 검투사들의 방, 맹수들을 관리하는 곳으로 사용했다.

수라구사

시칠리아 섬 동부 해안에 있는 항구 도시로 현재의 지명은 시라쿠사이다. 시칠리아 섬은 고대에 지진으로 인해 본토에서 갈라져 나온 땅으로 추정하고 있다.

사도 바울을 압송하여 로마로 항해하던 알렉산드리아 배는 풍랑을 만나 남파된 채 14일 만에 멜리데(몰타)섬에 도착한다. 그곳에서 멜리데 지도자 보블리오의 대접을 받은 석 달 후 다시 배를 타고 이곳 수라구사(Syracusa)에 도착해 삼일을 머무른다.

수라구사는 원래 그리스의 식민지였으나 기원전 211년 로마에게 정복당한다. 그때부터 시칠리아의 중심 도시로 발전했으며, 6세기 이후 그리스인이 이주하고 7세기에는 비잔틴제국의 식민지가 된다. 또 사라센과 노르만의 침입으로 여러 문화가 자연스럽게 혼재된 도시가 되었다. 19세기에는 이탈리아에 통합되며 오늘에 이르게 되었다.

이 도시에는 3~4세기 기독교인들의 카타콤 유적과 두오모 성당이 남아 있다. 아폴로 신전, 미네르바 신전, 그리스식 극장 등의 유적과 유명한 아데투사 샘이 있다.

두오모 성당

레기온

고대 그리스 시대에 이탈리아 칼라브리아 지방에 있던 식민지로 현재의 레조디칼라브리아이다. 기원전 387년 아낙실라스왕이 수라구사의 디오니시우스 1세에게 패배한 후 파괴되기도 했다. 포에니 전쟁 때는 로마와 동맹을 맺고 참전했다. 기원전 90년 이후 로마의 지방자치 도시로 승격되었으며, 수차례의 지진을 겪기도 했지만 계속 번성한 도시다. 그

후 410년에 서고트의 라리크 1세에게, 918년에는 사라센에게, 1060년에는 노르만족에게 정복당했다가 수라구사와 같이 19세기에 이탈리아에 통합되어 오늘에 이른다.

레기온(Rhegium)도 바울이 로마로 가던 중에 거쳤던 항구로 사도 바울 기념교회가 있다. 1908년 지진으로 도시가 파괴되며 교회도 훼손되었지만 1930년에 다시 재건했다. 이 교회는 여러 민족의 침입으로 혼재된 문화의 영향을 받아 독특한 풍모를 지니고 있다. 크지 않은 장미 창, 기둥으로 나뉜 좁고 긴 창문 등 노르만 로마네스크 양식으로 지었다. 교회 입구에는 사도 바울과 성 스테판의 조각상이 있으며, 교회 안에는 많은 모자이크 성화들로 장식되어 있다.

바울 기념교회

멜리데

멜리데(몰타, Malta)는 시칠리아 섬에서 남쪽으로 40마일 정도 떨어진 작은 섬으로 몰타라도 부르며, 바로 몰타 공화국의 섬이다. 몰타 공화국은 이 섬과 고조, 코미노 등 3개의 섬으로 이뤄졌지만 고조와 코미노에는 거의 사람이 거주하지 않는다. 공화국의 수도는 발레타이다.

바울을 로마로 압송하던 알렉산드리아 배가 파손돼 발레타의 북동쪽 지점에 상륙한다. 바울은 이 섬에서 석 달을 머무는데, 독사의 독에도 끄덕하지 않자 이곳 사람들이 신으로 여기기도 했고 또 섬의 지도자인 보블리오 부친의 병을 치유하기도 했다.

"보블리오의 부친이 열병과 이질에 걸려 누워있거늘 바울이 들어가서 기도하고 그에게 안수하여 낫게하매"(행28:8).

내륙으로 가는 길목에는 바울이 뱀에 물렸다는 곳에 세워진 기념교회가 있다. 멜리데의 옛 수도인 므디나와 라바트에는 사도 바울이 거주했다는 곳에 사도 바울 교회와 초대 교회 카타콤이 있다. 또 악고에서 퇴각한 요한 기사단이 로도 섬에서 200년간 거주하다 1630년 이 곳에 정착해 건축한 '엘모 성'과 초대 교회 첫 주교인 보블리오를 기념하는 교회가 있다.

사도 바울 기념교회

십자군 성채 엘모 성

보블리오 교회 앞의 보블리오 동상

참고문헌

큰글성경, 아게페 출판.
이철규, 이스라엘성지순례 가이드북, 보리별 출판.
이문범, 성경과 함께 읽는 성지답사 가이드 북, 두루문화원 출판.
위키 백과.

지은이 소개

김 성 근

경기대학교 관광경영학 학사
경기대학원 관광경영학 석사
IPSL 관광법학 박사

現 미국 DREAM TOUR INC 대표이사 / 여행전문가
前 ㈜인터비즈투어 CEO
前 ㈜호도투어(현 세계투어) 부사장
前 ㈜이포스탑투어 대표이사
前 국민카드㈜ 여행사업 팀장
前 신안산대학교 전임교수
前 백석대학교 겸임교수
前 영진전문대학 겸임교수
前 농업기반공사 도비도 관광단지 유치 설명회 평가위원
前 부산시 테크노산업기획단 주관 부산 지역 대학사업설명회 평가위원

저서 : 글로벌시대의 매너와 에티켓, 여행사 실무론
논문 : 신혼여행객의 목적지선택 행동에 관한 연구

성지순례(이집트, 이스라엘, 요르단, 터키, 그리스, 독일, 스위스, 이탈리아) 50회 이상 순례
유럽, 아시아, 중동, 아프리카, 인도, 네팔 등 상품개발 여행 및 투어진행 150회 이상
전세계 120개국 여행

드림투어와 함께 떠나는 세상에서 가장 아름다운 여행
은혜와 감동이 있는 성지순례
- 미리보는 성지순례 저자 김성근 사장 동행 -
명품 성지순례 1
모세와 이스라엘
백성이 출애굽하여
가나안 땅에 인도되기까지의 여정을 따라
이집트, 이스라엘, 요르단을 순례하는 여정
이스라엘/요르단 10일
이집트 일주 9일
이집트/이스라엘/요르단 16일
명품 성지순례 2
종교적 가르침을
얻고 신의 은총을
구하기 위하여
성지순례자들이 찾는 이탈리아 순례
이탈리아 순례 9일
Special
드림투어
성지순례가
특별한 이유!
성지 최고의
성지 순례
전문가이드 진행
일반 성지
순례와 달리
주요도시 관광병행
깔끔한
특급호텔에서의
편안한 잠자리
현지식과
한식의
조화로운 식사
고급 대형버스를 타고
편안한 이동
꿈과 행복을 드리는
드림투어
info@dreamtouroc.com
www.dreamtouroc.com
유럽 · 성지순례
전문여행사
714.576.7788
6035 Beach Bl., Buena Park, CA 90621

드림투어 | 714.576.7788
info@dreamtouroc.com
사랑가득, 낭만가득 유럽여행의 첫 관문
서유럽 7개국 13일
드림투어와 함께 해야하는 이유!
잘 짜여진 일정으로 벨기에, 네덜란드, 독일까지 완벽하게 즐길 수 있는 기회!
유럽 3대 박물관 지식투어
완벽한 지성에 더하는 특별함
대영박물관, 루브르박물관, 바티칸박물관 내부관람
가이드의 설명, 처음부터 끝까지 하나도 놓칠 수 없다! 전 일정 개인용 수신기 제공
벨기에/네덜란드/독일/영국/프랑스/스위스/이태리
불필요한 옵션 No!
베니스 수상택시 포함
로마시내 벤츠투어 포함
콜롯세움 내부관람 포함
USA
서유럽 6개국 9일
벨기에/네덜란드/독일/영국/프랑스/스위스
핵심 이태리 7일

드림투어 | 714.576.7788
info@dreamtouroc.com
우리의 마음이 춤추기 시작한 순간
스페인 일주 9일
스페인을 만끽하는 가장 로맨스한 방법!
드림투어와 함께하는 여행
당연히 봐야 할 대도시는 물론 필수 내부관람지 포함: 프라도미술관, 똘레도대성당, 산토토메성당, 세비아대성당, 알함브라궁전, 성가족성당, 구엘공원, 몬세라트수도원
몬세라트 수도원으로 가는 케이블카 포함
맛으로 즐기는 현지식 (빠에야, 하몽, 샹그리아, 바깔라우)
마드리드 → 세고비아 → 세비아 → 라나다 → 꼬르도바 → 똘레도 → 기차이동 → 바르셀로나
이동시간 Down ↓ 효율성은 Up ↑
이슬람교와 카톨릭교가 혼재하는 꼬르도바
카탈루나의 성지 몬세라트
천가지 표정을 지닌 스페인의 과거와 현재 마드리드
개성있고 아름다운 로맨틱한 건축의 도시 바르셀로나
플라맹고와 태양의 도시 세비아
중세 그대로 시간도 같이 멈춰버린 똘레도
이슬람 건축의 최고봉 알함브라궁전 그라나다
교과서에만 보던 수도교가 눈앞에 세고비아
하얀마을에 반하다. 스페인의 산토리니 미하스

드림투어 | 714.576.7788
info@dreamtouroc.com
지중해의 아름다운 보석 터키와 신들의 푸른 정원 속에 숨겨진 그리스
신화의 바다 에게해의 전설, 전세계인들의 휴양지 산토리니섬까지
터키 & 그리스
그리고 산토리니섬 13일
문화와 역사를 모두 만나고,
남들과 다른 여행을 떠나고 싶은 분들을 위한 여정!
터키, 그리스로 초대합니다
터키
역사와 자연이 함께 빚어진 신비의 보물창고
이스탄불-카에세리-카파도키아-콘야-안탈랴-파묵칼레-에페소-차낙칼레
그리스
사천년의 역사의 숨결과 지중해의 푸른낭만
빌립보-데살로니키-메테오라-아테네-산토리니

처음간다면 감동을, 다시 간다면 차이를 - 유럽은 역시 드림투어!
www.dreamtouroc.com | info@dreamtouroc.com
아프리카/두바이
아프리카의 자연과 꿈의 도시- 두바이를 한번에
케냐/탄자니아/짐바브웨/보츠와나
남아프리카공화국+두바이
두바이 : 두바이왕궁/팜주메이라/두바이구시가지/두바이 몰 등 세계최고층빌딩전망대, 버즈알아랍식사, 카르마레스토랑식사포함
케이프타운 : 1,080m의 테이블 산을 360도 회전 케이블카를 이용하여 등정, 아프리카 최남단 희망봉, 아프리카 자카트펭귄 서식지인 볼더스비치 관광
빅토리아 폭포 : 세계3대 폭포중 하나인 짐바브웨/잠비아 빅토리폭포가 보이는 5성급호텔에서 최고급 저녁부페, 선셋크루즈
요하네스버그 : 남아프리카 공화국 최대도시, 행정도시 프레토리아 방문
나이로비 : 사파리(CATS)쇼를 보면서 야마초마 아프리카 바베큐
짐바브웨, 보츠와나 : 수상보트 사파리체험 (초베국립공원)
탄자니아, 케냐 : 최대의 국립공원인 세링게티, 응고롱고로국립공원 Big 5 게임드라이브
아프리카전문 김성근사장 동행
드림투어 아프리카/두바이 특전
버즈칼리파(세계최고빌탑) 전망대입장
7성급 버즈알아랍 호텔에서 부페식
카르마 레스토랑에서 분수쇼를 감상하며 석식
전일정 5성급 호텔
16일
꿈과 행복을 드리는 드림투어
714.576.7788
6035 Beach Bl., Buena Park, CA 90621